自闭症儿童
共同注意技能
干预教程

ZIBIZHENG ERTONG
GONGTONG ZHUYI JINENG GANYU JIAOCHENG

邵智　张婷　◎著

西南大学出版社
国家一级出版社　全国百佳图书出版单位

图书在版编目(CIP)数据

自闭症儿童共同注意技能干预教程 / 邵智,张婷著
. -- 重庆 : 西南大学出版社,2023.9
ISBN 978-7-5697-1874-4

Ⅰ. ①自… Ⅱ. ①邵… ②张… Ⅲ. ①孤独症—儿童教育—特殊教育—研究 Ⅳ. ①G766

中国国家版本馆CIP数据核字(2023)第158739号

自闭症儿童共同注意技能干预教程

邵智　张婷　著

责任编辑: 雷　兮
责任校对: 刘　平
装帧设计: 魏显锋
排　　版: 瞿　勤
出版发行: 西南大学出版社(原西南师范大学出版社)
地址:重庆市北碚区天生路2号
邮编:400715
市场营销部电话:023-68868624
印　　刷: 重庆紫石东南印务有限公司
幅面尺寸: 170 mm×240 mm
印　　张: 15
字　　数: 210千字
版　　次: 2023年9月 第1版
印　　次: 2023年9月 第1次印刷
书　　号: ISBN 978-7-5697-1874-4

定　　价: 78.00元

前　言

社交沟通障碍是儿童自闭症谱系障碍的核心临床缺陷，也是临床干预最为关注的重要问题之一。在自闭症谱系障碍儿童临床干预中，如何有效促进其社交沟通的发展，共同注意成为早期干预的关键性技能。

共同注意是儿童早期进行社交沟通的主要手段，对日后的社会交往、语言发展、积极情感等社会性能力的发展都具有重要的影响。共同注意缺陷是自闭症谱系障碍儿童的核心缺陷。自闭症儿童很少有共同注意，且以发起式共同注意缺陷为主，他们常常不能与人进行眼神接触，很少用手指指示或展示自己感兴趣的事物。

目前，在国内自闭症谱系障碍儿童康复中，针对共同注意缺陷的干预，主要为康复师和家长关注的一些目标行为，内容缺乏系统性，干预模式也比较单一。因此，共同注意干预的效果往往难以维持和泛化，这在很大程度上影响了共同注意干预的成效。我们基于儿童共同注意正常发展规律和自闭症儿童共同注意的特征，结合二十多年的临床康复实践和研究成果，创新性地构建了自闭症谱系障碍儿童共同注意技能“整合式核心目标干预体系”。干预体系共设置八个训练模块课程，分为共同注意先备能力、反应式共同注意、发起式共同注意及平行能力四大部分，力求体现干预训练科学化、系统化。

本教程提供结构性训练步骤模式，包括每个干预目标行为的意义、训练目标、训练内容、阶梯化的训练课程示例，以及训练是否达标的评价方法等内容。在使用本教程实施干预时，应根据儿童的特点，既要进行集中、密集的共同注意专项干预，也要将共同注意干预训练嵌入其他干预项目和日常生活事件中。

本教程充分反映了我们长期以来的临床研究和康复实践的成果，构建了基于中国自闭症谱系障碍儿童特点的共同注意干预模式，在改善自闭症儿童核心缺陷方面效果显著。本教程的编写出版还有赖于我们中心资深治疗师李倩、张华美的贡献。

近年来，儿童康复需求日益增长，康复机构蓬勃发展，自闭症谱系障碍儿童受到了特别的关注，各种干预方法不断出现，针对自闭症儿童核心缺陷"社交沟通障碍"开展干预，已然成为大家的共识。将共同注意干预作为自闭症谱系障碍儿童干预方案中的重要内容，能够更为有效地改善儿童的社会功能，促进其社会性技能的发展。

作者

2023年8月于重庆北碚

目录

CONTENTS

基础篇

应用篇

目录

CONTENTS

基础篇

- 自闭症儿童共同注意概述
- 自闭症儿童共同注意的评估
- 自闭症儿童共同注意的干预
- 自闭症儿童共同注意临床干预模式

第一章　自闭症儿童共同注意概述

第一节　关于儿童共同注意

一、共同注意的概念

当儿童到1岁前后时,父母们会经常和他们玩这样一个游戏:给儿童指房间里的某一个物品,儿童则会顺着父母手指的方向望去,看着这个物品高兴地挥手或伸手,并且同时还会转头看看父母,然后再看看物品,随后父母就会心领神会地抱着儿童走到物品前,把物品拿给儿童。儿童在这个游戏中的一系列反应就是共同注意。

共同注意(Joint Attention,JA)又称相互注意、分享式注意或联合注意等,它是儿童早期沟通发展上的一种协调注意的能力,用以协调社交伙伴以及他们共同感兴趣的物件之间的注意力。通过前面所举例的游戏和共同注意的定义,不难发现共同注意存在于三者之间:儿童、他的社交互动对象(如父母)和其他人或物品。儿童会通过眼神、手势等完成与社交互动对象之间在视觉上的互动,共同将他自己和互动对象的注意力指向第三方。

共同注意是儿童早期社会能力发展的里程碑,对儿童的社会交往、执行功能、语言发展、情绪调节等有着非常重要的作用。

二、共同注意的分类

Jones和Carr根据诱发主体的不同将共同注意分为反应式共同注意(Responding to Joint Attention, RJA)和发起式共同注意(Initiating Joint Attention, IJA)两类。这两类共同注意也有着各自的发展轨迹。

(一)反应式共同注意

反应式共同注意指儿童对他人发起的眼神注视或手指指示做出回应,以表达对事或物的兴趣,包括眼神注视、注视跟随、手指指示跟随等行为。在本章最开始部分所举的例子中,儿童共同注意的行为其实就是反应式共同注意。在这个例子中,父母给儿童指示物品,这一行为其实就是父母发起了儿童的注意;而儿童顺着父母手指的方向望去则是儿童跟随了父母的指示,追视目标物;随后儿童回头看父母,和父母有眼神交换,再转头看目标物并用手指目标物,这就是对父母发起的指示做出了回应。这3个环节便组成了一个完整的反应式共同注意。可见,反应式共同注意是需要对他人发起的行为做出理解和回应,是跟随他人目前所注意的事物的能力。

反应式共同注意分为高、低两种层次,对近处物体的眼神追视或跟随指示是低层次的反应式共同注意,而对远处物体的眼神追视或跟随指示是高层次的反应式共同注意。

(二)发起式共同注意

发起式共同注意是指儿童主动引发他人对其感兴趣的物体或人的注意,包括眼神注视、注视交替、手指指示、主动展示等行为。比如,父母抱着儿童在街上行走,此时一辆洒水车从远处开来;儿童注意到了洒水车,于是就很激动地在父母怀里蹦跳,并用手指着洒水车;几乎同时,儿童会看向父母，或嘴里喊着“车车”，然后再次快速地注视洒水车；当父母看到了儿童的手势和听到了儿童说到的“车车”这个词语时，父母也会附和儿童说：“哇，洒水车车来了。”这一系列行为则组成了一个完整的发起式共同注意，即儿童引起了父母对洒水车的注意，并向父母分享了他所感兴趣的、令他高兴的事物。由此可见，发起式共同注意是儿童意愿的主动分享与表达，是将他人的注意引导至儿童自己目前所注意的事物上的能力。

儿童的发起式共同注意，特别是以手势来进行表达的发起式共同注意，主要有陈述和命令的功能。如前面所举例的儿童看见洒水车时发起的共同注意，就是具备陈述功能。儿童发起共同注意的目的是告诉父母“看，那里有洒水车”；而这类行为体现了儿童发起的社会性交流，儿童在和照顾者分享信息与经验。有时儿童会主动使用眼神接触、伸手探物、请求、指示和给予等引发他人帮助自己得到物品或实现愿望。如儿童看到柜子上的食物，想要吃但自己又够不着时，就会看向爸爸妈妈，向爸爸妈妈指食物，并且说“宝宝吃”，这一系列行为就是典型的具有命令祈使功能的发起式共同注意。

发起式共同注意也分为低、高两种层次，对他人操作物体时的眼神接触或眼神在物体与他人间来回交替是低层次发起式共同注意，以分享为目的的手指指示和主动展示是高层次发起式共同注意。

- **共同注意**
  - **反应式共同注意**
    - **低层次**：对近处物体的眼神追视或跟随指示
    - **高层次**：对远处物体的眼神追视或跟随指示
  - **发起式共同注意**
    - **低层次**：对他人操作物体时的眼神接触或眼神在物体与他人间来回交替
    - **高层次**：以分享为目的的手指指示和主动展示

图1-1 共同注意的分类

三、构成共同注意的四要素

(一)注意焦点

共同注意包含的是一个三者间的关系，即两个主体之间使用一些行为来协调彼此对另一个对象（包括人、事、物）的注意焦点。

(二)引发主体

从引发的主体来看，主要分为反应式共同注意和发起式共同注意。

(三)目的

共同注意的目的是信息分享，而不是单独为了满足个人的需求。

(四)行为表现

共同注意的行为表现主要包括眼神注视或交替、手指指示、主动展示等。

四、正常儿童共同注意的发展

行为研究发现，约9个月大的儿童就开始参与共同注意了。到12个月左右儿童就能更多地响应成人发起的共同注意，即反应式共同注意。当成人转换视线（转动头部朝向某物），同时伴有手指指示等交流性手势时，儿童能够跟随成人的注意，转换注意对象，并在物体—成人—物体之间切换注视。在1岁半以前，儿童的共同注意都是指向周围环境中的事或物，以双方互动的形式发展（Corkum & Moore，1995）。

在1岁以后，儿童开始主动发起共同注意。当有趣的事物出现时，儿童会寻找与之分享的人，使用手指指示或展示等方式，并伴随注视切换来发起共同注意。儿童的发起式共同注意最初是以非言语性的形式发展的，如用手指指示或发出一些嘟囔声，随后他们的发起式共同注意会逐渐过渡到以言语的形式为主，如使用一些简单的声音或词汇来吸引成人的注意。在1岁半左右，儿童已经能够很好地完成发起式共同注意了。

五、共同注意对儿童相关能力发展的作用

（一）共同注意与语言能力

共同注意对语言能力的发展具有预测性，是影响语言能力发展的重要因素。研究者认为，儿童会使用共同注意能力获得环境中有利于语言发展的某些线索，也能提供互动过程中的共享经验，进而促进语言发展。如Carpenter等人的研究发现，9个月的儿童与照顾者维持在共同注意状态下的时间长度，能预测儿童后续的语言能力的发展。Mundy等人的研究发现，儿童在不同测验上的语言能力高低都与其9个月时的反应式共同注意、18个月时的发起式共同注意具有显著相关性。其中，手指指示、主动展示等高层次的发起式共同注意能预测儿童的表达性语言，反应式共同注意能预测表达性与接受性语言能力。

（二）共同注意与模仿学习能力

研究者认为，共同注意与模仿都涉及认知过程中的同一心理成分，即注意到他人的行为并具有跟随动机。实验研究证实了二者具有相关性，共同注意中的眼神追视、手指指示跟随和主动手指指示与模仿能力有显著的相

关;儿童早期共同注意中包含的眼神注视行为、情感交流更是能预测后期的模仿能力。

(三)共同注意与社交能力

共同注意的发展能促进社会互动能力的发展。Sullivan 和 Mundy 等人的研究表明,共同注意与儿童的社会适应行为、同伴间的互动游戏等社会互动能力呈现显著的相关性,其中反应式共同注意与儿童的社会能力呈现正相关,而与退缩行为呈现负相关。研究还指出,只有高层次的发起式共同注意和反应式共同注意与社会交流能力具有更高的相关性。

第二节　自闭症儿童共同注意的临床特点

自闭症谱系障碍(Autism Spectrum Disorder,ASD)儿童共同注意的发展与正常儿童相比,存在各方面的发展滞后甚至是缺陷。更重要的是,和正常儿童相比,自闭症儿童的两类共同注意的发展顺序是不一样的。一项纵向研究发现,正常儿童社会沟通能力的发展顺序为:发起式共同注意、反应式共同注意、模仿、他人主导的游戏及语言能力;而自闭症儿童的发展顺序为:物体模仿、动作模仿、语言、他人主导的游戏、反应式共同注意与发起式共同注意。

一、自闭症儿童反应式共同注意的特点

在4~6个月时,正常儿童通常会出现明显的社会性注意的偏好,如更喜欢注视人脸,但自闭症儿童却没有表现出对社会性刺激的注意偏向。到1岁左右,自闭症儿童的反应式共同注意行为明显少于正常儿童,他们注视物体多于注视人。直到20个月左右,自闭症儿童才出现短暂的看人行为,但仍无法追随他人的视线看向其他人或物体。

随着自闭症儿童的认知逐渐发展,他们能够被动地响应成人发起的共同注意,但与正常儿童相比仍存在缺陷。Mundy等人(1994)发现,心理年龄为17个月的自闭症儿童的反应式和发起式共同注意都存在明显缺陷;而心理年龄为30个月的自闭症儿童,他们在反应式共同注意上的表现(注视跟随、手指指示跟随)与正常儿童相似,但发起式共同注意仍然较差。

二、自闭症儿童发起式共同注意的特点

自闭症儿童的共同注意障碍以发起式共同注意缺陷为主，主要表现为很少能有手指指示行为或向对方主动展示自己感兴趣的对象（如玩具等），也很少与他人进行眼神接触。研究发现，自闭症儿童的发起式共同注意从婴幼儿时期到青春期都始终存在缺陷。

在1岁左右，自闭症儿童的发起式共同注意行为几乎为零。然而，研究发现，自闭症儿童虽然不能运用手势及注视切换等行为来与他人分享和展示兴趣点，但相对而言，他们在祈使行为上似乎不存在困难，能够运用手势（如拉、拖，而非指示）和注视切换来获得物品和协助。这表明，自闭症儿童在具有社交功能的叙述式手势的使用上有明显缺陷，在非社交功能的祈使式手势的使用上缺陷相对较少。可见，自闭症儿童共同注意的发展更多的是有目的性的，而不是为了与人分享兴趣和信息。

表1-1　自闭症儿童和正常发展儿童共同注意发展的年龄特征

	4~6个月	9个月左右	12个月左右	12~14个月	18个月左右	2岁以后
正常发展儿童	生物神经基础准备就绪；开始发展共同注意信息加工系统。	开始参与共同注意，行为指向周围环境中的事或物。	多以RJA形式互动；开始发展IJA；逐渐产生言语性共同注意。	能够灵活地进行注视跟随或转换；能够利用手指指示、展示等进行IJA行为。	能够很好地进行协调性共同注意。	分享兴趣；在此基础上发展、学习其他更为复杂的技能。
自闭症儿童	神经发育异常。	RJA显著低于正常水平，更多是不回应，要接触或轻拍才能唤起注意。	可发起祈使行为，但RJA仍显著落后；手指指示相对更容易唤起其JA。	IJA行为几乎为零；RJA行为很少，维持时间仅1~2秒；视物多于视人。	IJA缺陷愈发显著；可被动响应成人发起的JA，却没有任何参照注视行为。	在认知水平达到30~36个月后，RJA表现趋于正常，IJA缺陷始终存在。

第三节　共同注意缺陷对自闭症儿童的影响

一、对自闭症儿童语言发展的影响

自闭症儿童共同注意与语言的发展具有相关关系。有研究发现，自闭症儿童的反应式共同注意能预测表达性与接受性语言能力，而发起式共同注意能预测表达性语言能力。同时，干预研究也显示，自闭症儿童的发起式共同注意和初始的表达性语言水平越高，干预对改善语言功能的作用越大；对共同注意的干预有助于提高语言能力。

二、对自闭症儿童社交技能的影响

共同注意是儿童社会认知和社会交往能力发展的重要基石。Sullivan和Mundy等人的研究表明，共同注意与儿童的社会适应行为、同伴间的互动游戏等社会互动能力呈现显著的相关性，其中反应式共同注意与儿童的社会能力呈现正相关，而与退缩行为呈现负相关；高层次的发起式共同注意和反应式共同注意与社会交流能力关系更为紧密。因此，自闭症儿童的共同注意能力发展滞后或受阻对他们的社会交往能力的发展有非常大的影响。

第四节　共同注意缺陷与儿童自闭症的相关理论

一、社会性注意发展损伤模型

社会性注意是指对社会信息从注意觉察到定向和加工处理的过程，主要包括对社会个体的觉察、视觉搜索、社会定向、共同注意等。通常表现为明显的偏好朝向和注意社交情境中的其他个体，尤其是他人的面部和眼睛，以及他人所注视的方向、物体等。Mundy和Neal（2001）提出假设，自闭症儿童大脑的社会性注意功能受到了损伤，这导致了自闭症儿童在婴幼儿期到学前期很难进行有效的输入和加工社会信息，这又进而阻碍了大脑—行为的交互发展。当大脑得不到反馈强化时，神经的特异性发育和修剪无法正常进行，神经发育不良又进一步影响行为表现，这样一个恶性循环，最终影响了他们后期的社交发展和学习。

在儿童获得共同注意能力以前，他们已经具备了对“社会性刺激”加工偏好的能力。如在3~4个月时，儿童已经出现了明显的对人脸的偏好，他们喜欢注视人脸，并在人脸特别是熟悉的面孔出现时表现出社会性微笑。对人脸的注视加工是一切社交活动的基础。正常个体注视面孔时主要注视眼睛（其次是嘴巴和鼻子），眼部信息可以为个体对社交对象的社会认知提供有用线索，是进行进一步社会沟通和互动的基础。在5~7个月时，儿童在听到有人叫他名字的时候会回头，表现出有意的注意搜索、定向。在10个月左右，儿童就初步具备了将社交对象的情绪作为自己行为参考的能力，如当儿童想要去拿某个玩具时，他们有时会先看看自己的父母，如果父母的表情传递出愉悦与鼓励的信息，儿童则会更有信心地去拿玩具。1岁到1岁半前后儿童会展现出比较稳定的共同注意能力，相关内容前面已经详述，在此不再赘述。

上述的儿童对人脸的偏好、对社会刺激信息的偏好、共同注意都是儿童的社会性注意发展的重要体现。这些能力的发展为儿童以后的社交互动打下了重要的基础。但是和正常儿童相比，自闭症儿童的上述能力均存在发展偏差。自闭症儿童更少注视人脸的内部特征，尤其是眼部区域；不能理解面部线索所提供的社会意义；反应式共同注意发展滞后；发起式共同注意可能终身发展异常。这些都表明了自闭症儿童的社会性注意功能受到了损伤，并进一步影响了其后期的社交发展和学习。

二、共同注意缺陷是儿童自闭症的早期特征性征象

共同注意缺陷在自闭症儿童中具有基础性、典型性与普遍性。自闭症儿童早期的共同注意缺陷都相当明显，随着年龄发展，大部分自闭症儿童的反应式共同注意趋于正常，而发起式共同注意却始终存在缺陷。与低功能自闭症儿童相比，高功能者在低层次的共同注意上无缺陷，而低功能者的高层次和低层次共同注意行为都存在明显缺陷。不仅和正常儿童相比，和其他的发育迟缓儿童相比，自闭症儿童共同注意的发展也存在明显的滞后。现有的研究普遍认为，共同注意缺陷可以作为儿童自闭症的早期诊断指标，且其鉴别力超过其他早期诊断指标。

三、共同注意的神经心理学机制

反应式共同注意与大脑后部皮层注意网络密切相关，主要包括顶叶（或楔前叶）和颞上皮层。该网络在婴儿期第3个月就开始发展，调节不随意注意，优先定向于有意义的生物性刺激，并且在对他人定向过程中和自己—他人—环境之间的空间关系知觉中被激活，尤其是涉及反复定向控制，以及由外部感知信息建构的认知表征发展。

发起式共同注意则主要受到前部皮层注意网络的支配，主要包括前扣带皮层、内侧额叶皮层（额眼区、前额叶皮层、眶额皮层以及眶额—基底神经节）。该神经网络相对于后部皮层注意网络系统发展较晚，涉及自我发起、目标导向的注意分配调节，这些神经活动也需要更多的意志投入。

与健康人相比，自闭症患者的共同注意自童年早期到成年期都有着异常的脑神经激活。研究显示，虽然随着年龄增长，自闭症患者的反应式共同注意趋于正常，但其脑神经反应仍然有异于正常人。

第二章　自闭症儿童共同注意的评估

对自闭症儿童开展共同注意的评估是非常重要的。一方面，共同注意的评估可以用于对儿童自闭症的早期诊断与鉴别；另一方面，共同注意的改变也可以作为评估自闭症儿童干预效果的指标。目前常用的共同注意评估方法包括观察法、问卷法和实验法。

第一节　用观察法评估共同注意

一、概述

观察法，与其他结构化或半结构化的观察评量类似，以录像或现场计分模式，设定了情境、参与人物、施测方式、评分方式等标准。目前，评估共同注意常用的观察法为《早期社会交流量表》(Early Social Communication Scales，ESCS)。ESCS前后经过了3次修订，最新版是由Mundy和Delgado等人在2003年修订而成。ESCS是一种采用录像方式的观察法，观察时间在15~25分钟，要求在一个安静的小房间内，实施者与被试面对面坐在桌子两边，实施者在被试触摸不到的桌面上依次呈现玩具、指示图画等，与被试进行非言语互动交流。ESCS的评估对象为8~30个月发育正常或异常的儿童，主要评估其非言语交流能力，分为共同注意、行为要求、社会交流3种行为类型,每种行为都有严格的实施准则及编码计分标准。由于该量表具有统一化的特点,便于统计分析,因此它是常用的研究共同注意的工具。观察法的优点是其评量过程结构化,严谨且具有较高的评分者信度;缺点是需要每个被试都进入实验室,有些还需要家长或照顾者在旁陪同,费时费力,且易受儿童情绪波动的影响。

二、评估过程

根据周秀宝等人和王敏等人的研究,我们整理了ESCS测评中对共同注意的测评过程。

(一)观察室环境设置

测评是在一间安静的房间内实施的,观察者与儿童在桌子两侧面对面地坐着。具体设置如图2-1所示。

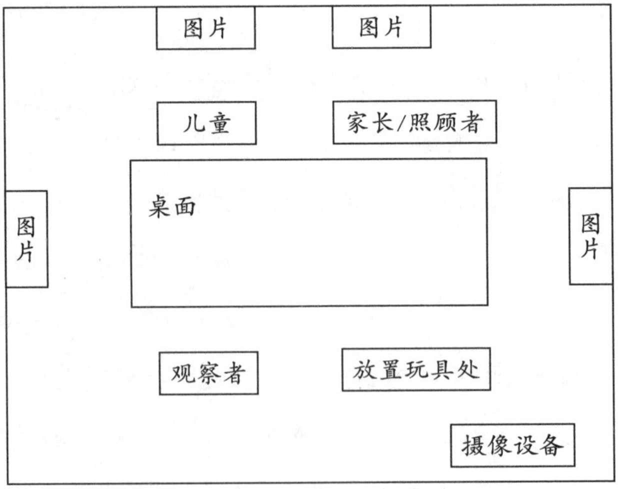

图2-1　ESCS观察室环境设置

(二)评估活动

1.玩具游戏

观察者在儿童触及不到的桌面上摆弄玩具,玩具依次呈现,发条玩具要上足至少6秒的动力。观察者摆弄玩具时要保持沉默,并注意儿童是否在观察者与玩具之间转换眼神(眼神接触),若是,给予一个自然简单的回应;若是儿童想得到那个玩具,就在儿童能够摆弄玩具超过30秒或在儿童把玩具还给观察者时结束游戏;若发条玩具已停止动作儿童还没有任何反应,观察者需把玩具放到儿童能触及的地方,让儿童有10秒的时间摆弄玩具或在儿童把玩具还给观察者时结束游戏。每个玩具连续呈现3次,该游戏重复6次。

2.指点游戏

游戏始于儿童的注意焦点集中在观察者的面部,观察者获得了指示图片时需转动整个身体,不仅是头和胳膊定位于图片,视线也如此。在指示过程中,观察者在不扭头看儿童的情况下连续3次叫儿童的名字,且每叫一次名字须停顿2秒。在后面的指示过程中,观察者的身体需要轻轻前倾看向左侧或右侧的图片,且观察者指示的手至少离儿童60厘米的距离。该游戏重复1次。

3.图画书游戏

观察者打开图画书呈现在儿童能触及的桌面上。儿童有20秒的时间看图画书,期间观察者需问“你在看什么?”,若儿童主动指示图画,观察者需要给予简单自然的回应。20秒后,无论儿童是否指示图画,观察者都要开始指示书中的图画。观察者需要保持一个平稳的指示手势3秒,且手指大概离图画书3厘米。观察者先指示图画书打开页的左边图画且要叫儿童的名字,接着观察者指示此打开页的右边图画,再接着翻页重复该过程2次。

(三)评估指标

共同注意的评估指标分为发起式共同注意与反应式共同注意两种指标。

1.发起式共同注意根据4类行为指标来进行评估,分别是眼神接触、视线转换、指示、展示,其中眼神接触与视线转换属于低水平发起式共同注意行为,高水平发起式共同注意行为是指示与展示行为。具体的编码信息为:

(1)眼神交替包括眼神接触和视线转换。眼神接触是指观察者呈现给儿童新玩具,儿童在摆弄、触摸手动玩具时与观察者有眼神接触的行为。视线转换是指当一个机械玩具呈现在桌上或观察者的手上时,观察者使其活动,儿童在正在动的玩具和观察者之间有视线交替的行为。

(2)指示是指在观察者指示图片、图画等物品前,儿童有主动指示图片、图画的动作,以及指示活动玩具的行为。

(3)展示是指当观察者呈现一个新玩具,儿童会将玩具拿至观察者眼前,且观察者向儿童索要该玩具后儿童仍旧持续该动作的行为。

2.反应式共同注意是对指示等的反应以达到与他人社会交流的目的。反应式共同注意有2类行为指标:近距离指示跟随与远距离指示跟随,它们分别是低水平反应式共同注意和高水平反应式共同注意的行为指标。

近距离指示跟随是指当观察者指向摆在儿童面前的图画书上的图画时,儿童视线跟随着观察者手指所指的方向并注视指示图画的行为。

远距离指示跟随是指当观察者指向儿童身后或左右侧墙上的图片时,儿童能跟随观察者的手指指示，转头并注视观察者所指示的墙上的图片的行为。

（四）计分

1. 发起式共同注意编码

前述指标中的眼神接触与视线转换属于低水平发起式共同注意；指示与展示属于高水平发起式共同注意。根据发起式共同注意行为的出现情况进行记录，最终统计各行为出现次数，次数越多，行为发展越好。

2. 反应式共同注意编码

前述指标中的近距离指示跟随属于低水平反应式共同注意；远距离指示跟随属于高水平反应式共同注意。根据反应式共同注意行为的出现情况进行记录，最终统计各行为出现次数，次数越多，行为发展越好。

第二节　用问卷法评估共同注意

问卷法是请照顾者或教师回忆个案日常生活，以纸笔勾选的方式来进行儿童共同注意的评估。目前很少采用问卷来评估儿童共同注意，笔者仅查阅到如下两份相关问卷。

台北市联合医院妇幼院区和台北教育大学合作编制的《婴幼儿共同注意力筛检问卷》，共8题，由家长填写，用于1.5~2.5岁儿童，任何一题答案为否的话便建议就诊，此问卷信效度数据尚不明确。

广东省妇幼保健院儿童保健科联合中山大学公共卫生学院妇幼卫生系编制的由3道题目组成的共同注意评估问卷，其中反应式共同注意的问题有：①如果你转头看某样东西，你的孩子会转过头来试图了解你在看什么吗？②如果发生了新鲜事，你的孩子会看你的脸去观察你的反应吗？发起式共同注意的问题为：你的孩子会试图让你去看他吗？这3道题由父母根据儿童的情况进行“是”和“否”的判断，“是”为1分，“否”为0分；总分最高分为3分。

尽管相关问卷很少，但目前共同注意能力缺陷被认为是自闭症早期的重要特征。在评估自闭症所使用的问卷中，例如《儿童期自闭症评量表》（Childhood Autism Rating Scale，CARS）和《修订版学步期自闭症检核表》（Modified Checklist for Autism in Toddlers，M-CHAT），已有许多关于共同注意的题项。

相对于观察评估，问卷评估显然更为方便快捷，易于取得家长的配合。

家长与幼儿日常相处的时间长,也可以避免录像时儿童情绪波动影响结果。缺点是家长不是专业的测评人员,容易出现虚报或误报。问卷题项的用语应该简单易懂,不易产生歧义,以提升评分者的信度。

第三节　用实验法评估共同注意

随着眼动技术的发展，使用该技术来鉴别诊断自闭症儿童也是临床评估的发展趋势。眼球运动反应视觉信息的选择，与直接的行为观察相比，眼动追踪可以增强捕捉视觉注意的微妙变化，为眼球移动提供更精确的空间和时间信息，可揭示认知加工的心理机制。眼动技术的出现为探讨自闭症儿童的眼动轨迹、注意模式等特征提供了帮助。

在使用眼动技术时，常用的任务范式为根据目标对象的注视方向表现出注意跟随行为。如图2-2所示，目标对象将眼睛看向左边物品或右边物品，或者将头部转向左边物品或右边物品，自闭症儿童通过观察目标对象的眼神或头部动作，判断目标对象对哪个物品感兴趣。也有研究者引导自闭症儿童观察自然情境中两位目标对象的互动对话，评估他们的共同注意。大量研究表明，自闭症儿童对目标对象眼部的注视时间、转换时间等要短于正常发展儿童，这表明他们的共同注意能力更差。

图2-2　使用眼动技术评估共同注意

在对结果进行分析时，我们通常会分析自闭症儿童在兴趣区域中的总注视时间、首次注视时间、首次注视持续时间、正确注视转换次数等。所谓的兴趣区域就是指自闭症儿童可能会关注的部位，如眼部区域、嘴部区域、物品、非注意物品区域（如背景）等。

第三章 自闭症儿童共同注意的干预

第一节 国内外干预的现状

共同注意是儿童社会认知和社会交往能力发展的基础，也是语言、情绪、执行功能等重要能力发展的基础。对自闭症儿童共同注意的干预一直以来都是研究者和临床工作者的重点关注问题。共同注意干预的实施主体常常是研究者或临床工作者，但近来有越来越多的研究也鼓励父母作为干预的主要实施者，以此来推动干预效果的维持和在自然情境中的迁移。

一、共同注意干预的方法

针对自闭症儿童的干预方法众多，据相关研究统计，目前有33种较常见的理论与方法。有研究者对众多方法进行了评估，其中基于科学实践的方法包括应用行为分析（Applied Behavior Analysis，ABA）、回合式教学法（Discrete Trial Teaching，DTT）和关键反应训练（Pivotal Response Training，PRT）。此外还有比较有希望的实践方法，包括图片交换沟通系统、TEACCH 结构化教学、社会故事法、认知行为疗法和感觉统合法等。另外还有一些干预方法，如地板时间、RDI人际关系发展干预、听觉统合训练等，这些都还需要进一步的研究结果来证明其有效性。

在上述干预方法中，DTT和PRT常常用于自闭症儿童共同注意的干预。以往研究者和临床工作者们常常采用某一种单一方法进行干预，但随着研究发现，单一的方法对提升自闭症儿童的共同注意效果有限，且不利于迁移和泛化，研究者和临床工作者们更倾向于采用综合干预的模式，使用多种技术进行干预。

（一）回合式教学法

回合式教学法，又称单一尝试教学法，是由Lovass和Koegel提出的自闭症儿童干预训练中最常使用的一种方法。该方法是一种指导式干预，是干预者在一个较封闭的环境中，以一对一的方式开展的儿童自闭症等发展性障碍干预方式。

该模式在教学环境、干预内容和训练程序等方面具有高度结构化特征。首先，结构化的教学环境是指训练环境相对封闭，训练环境的教具布置有严格要求，训练区域按特定功能明确划分，家长不能参与训练过程；其次，结构化的干预内容是指有明确的教学目的、干预目标和活动结构，通过将一系列特定行为分解为小的单元，以儿童的兴趣物作为强化物，逐项开展每个小的行为单元的训练，以此增强自闭症儿童的某项行为及技能；最后，结构化的训练程序是指训练按照“指令→反应→强化→停顿”的程序展开，干预者使用提示帮助儿童注意到刺激，引入强化机制帮助儿童在刺激与反应之间建立联系。

（二）关键反应训练

关键反应训练又称核心反应训练，由Koegel和Schreibman于20世纪80

年代首次提出，是一种基于应用行为分析原理发展而来的干预策略。该方法强调以尊重儿童兴趣、引发儿童动机为出发点，以引起儿童自然发生的行为为主导，以儿童的主动性反应为教学原则，干预者要在自然情境中激发自闭症儿童的动机，在儿童的主导探索性游戏活动中进行干预。关键反应训练在教学环境、干预内容和训练程序上具有更情境化的特征。首先，在教学环境上，通常选择自然环境。干预场景是一个多样化的社会交往群体，场景的设置是自然发生或者动机激励的。其次，在干预内容上，并无特定的干预目标行为，而是通过自然情境及提高儿童动机水平来帮助自闭症儿童习得关键性技能，提升自我能力，促进泛化，同时强调家长参与的随机干预。最后，在训练程序上，注重动机和多重线索的引入，允许儿童在拥有较多刺激的环境中选取特定的刺激与干预程序，同时引导儿童注重其所关注物品的多方面线索特征。通过完成多线索反应任务，自闭症儿童可以学会对环境中多线索刺激的反应。

关键反应训练注重4个主要的核心行为：动机、多重线索、自我管理和主动性行为。其中以引发儿童动机为出发点，安排儿童对多重线索进行反应，并以儿童的主动性反应为契机来实施干预。该方法主要包含以下8点。

1.注意力

在给予任何提示或指令前先确定儿童的注意力是否专注在玩具或教学者身上，且给予的指令要简短明确。

2.交错学习

为了提升动机，在与儿童互动的过程中，要随时加入儿童已习得的技能，并且在新的目标之前，穿插旧的已会项目，以降低儿童学习新目标的困难度并提升学习的动机。

3.提供儿童选择的机会

儿童对于所进行的活动具有选择的权利，主控权并非一直在教学者身上，而是双方共享的。

4.创造交流分享的机会

教学者可以提供示范的例子，并促进彼此间的分享，同时进一步增加动机。

5.多重线索的提示

提供符合发展阶段的线索，而非单一的提示系统，并依据儿童所选择的物品，以其物品特征，尽可能制造3~5次机会让儿童对多重线索进行反应。

6.目标行为出现后立即给予增强

当儿童出现正确反应或企图反应时，必须立即给予强化，不针对其错误的反应给予强化。

7.增强任何主动的尝试

鼓励儿童尝试胜于不断要求儿童达成任务。

8.自然性的增强

儿童所做的表达跟他所获得的增强物之间有关联性。

(三)综合干预模式

无论是回合式教学法还是关键反应训练，这两类方法都常常用于干预自闭症儿童共同注意。沙鹏等人对31篇在2000—2019年期间发表的有关自闭症儿童共同注意干预的国内外文献进行了梳理，发现有14篇文献采用了回合式教学法进行干预，有1篇采用了关键反应训练，还有14篇采用了回合式教学法与关键反应训练相结合的干预方法。研究显示，回合式教学法和关键反应训练在对自闭症儿童的共同注意能力提升方面各有优劣。回合式教学法可以在一定程度上提升自闭症儿童的反应式共同注意行为，但对发起式共同注意能力的提升效果并不明显，并且当干预结束后，维持效果和迁移效果较差。而关键反应训练虽然强调跟随儿童在自然情境中的反应，给自闭症儿童提供多重线索，但对于症状较重的儿童而言，特别是当儿童缺少共同注意、模仿能力等核心技能时，此方法的效果较差。因此，越来越多的研究将两种方法结合起来。

1. 发展反应取向的共同注意干预

在关键反应训练的基础上，Klinger和Dawson提出了发展反应取向的训练模式，该模式重视优先建立训练者和儿童之间的积极情绪关系，强调跟随儿童的行为并对关联性沟通行为做出反应和使用多元的线索。而该模式反对成人催促儿童发展特定的行为形式（例如眼神接触）和避免惩罚儿童出现的令人不喜欢的行为。更重要的是，该模式还认为对自闭症儿童的共同注意干预的介入焦点要放在社会知觉上，依照自闭症儿童共同注意的发展顺序来教学（眼神接触、注意到成人伙伴、轮流、参与行为、自发性的要求、非口语的共同注意）。Hwang和Hughes等人使用发展取向，将对儿童的眼神接触、主动展示作为教学目标，经过干预后，自闭症儿童在目标行为上有很大的提升，但是自发性共同注意在效果和类化方面表现比较差。

2. 交流—支持互动取向的共同注意干预

交流—支持互动取向是多个干预模式的集合，如SCERTS模式和RE/PMT模式。SCERTS模式是一个全方位、多学科的教育干预模式，主要是对自闭症患者进行干预。SCERTS模式主要把社交沟通(Social Communication, SC)、情绪调节(Emotion Regulation, ER)、交往支持(Transactional Support,TS)作为3个主要的干预维度,并认为这三方面是支持自闭症儿童及家庭成员发展的关键。RE/PMT(Responsivity Education/Prelinguistic Milieu Teaching)是回应试教育/语言文化环境教学的缩写,包含了回应试教育(RE)和语言文化环境教学(PMT)两个部分。RE是临床人员与家长的互动,PMT是临床人员与儿童的互动。该取向既强调要跟随自闭症儿童的注意力和游戏的引导,和自闭症儿童建立积极情感和互动,又强调要制订关键目标行为促进自闭症儿童能力的发展。如在SCERTS模式中,该模式重视社会沟通、情绪调控和双向支持,并提出7项干预原则,包括:(1)强调在所有的自然情境中功能性地使用语言与沟通;(2)要考虑到儿童的情绪调控及其对沟通、社会互动以及学习的影响;(3)行为问题的处理要整合到社会沟通训练方案中,并且要分析行为功能,采取正向行为的处理方式;(4)安排环境以提升主动沟通的动机;(5)提供动态支持以提升活动的主动参与性和其独立性;(6)重视同侪的运用;(7)与家庭成员和专业人员建立正向的关系。又如,RE/PMT模式重视文化活动本位、跨情境教学及有意义与有目的的教学。具体而言,该模式认为要结合儿童的生活经验,以每日活动中会用到的生活技能为主要干预对象。

综上所述,交流—支持互动取向吸收了回合式教学法、关键反应训练以及发展反应取向等方法的长处,既重视随机教学,又重视结构化的安排和指导。

3.合并取向模式

合并取向模式可以分成两种模式:第一种是结合了交流—支持取向和

单一尝试取向的观点，创造出一个新的方式；第二种合并取向模式是在介入时先使用某一种取向模式，然后再使用另一种取向模式。

Kasari等人采用了此模式对自闭症儿童的共同注意进行干预，具体包括3个部分：(1)桌面训练：使用回合式教学法，分解自闭症儿童的共同注意行为并进行分阶段的、有目的的训练；(2)地板时间：使用儿童感兴趣的东西，跟随儿童的主导，并配合关键反应训练，在儿童的主导探索性游戏活动中进行多线索、多层次的反应训练。研究的结果显示，实验组的自闭症儿童的共同注意能力(主动展示、眼神交替和反应式共同注意能力)有明显的提升，并显著高于控制组儿童。国内学者梁真今和许璟蓓均采用Kasari的训练方法，对自闭症儿童进行结合了桌面训练和地板时间的共同注意干预，取得了良好的效果。

二、共同注意干预的目标行为

在自闭症儿童共同注意的干预中，有3类重要的目标行为：眼神注视、手指指示和主动展示。

(一)眼神注视

眼神注视是指儿童注视他人的眼睛或面孔，或将目光停留在对方脸部的一种互动行为，是一种眼神接触。眼神注视是社会沟通能力中的关键行为，而自闭症儿童对眼神注视线索的注意加工存在明显缺陷。研究者认为，眼神注视行为的异常是导致自闭症儿童社会沟通缺陷的原因之一。眼神注视包括眼神交替和眼神追视。眼神交替是指儿童注视的对象交替于人或物体之间；眼神追视是指儿童的视线跟随对方的视线，看向对方想要分享的人或者事物的方向。其中,前者属于主动性注视,后者属于反应性注视。

眼神注视常采用中断活动和模仿策略两种干预方法。中断活动是指在评估了儿童能力与兴趣的基础上,由干预者主导,带领儿童完成的结构性活动,其中活动反复进行以建立规律性,再借由中断技巧,吸引儿童的眼神注视行为。如训练者在和儿童进行吹泡泡活动,当训练者发现儿童对这个活动颇感兴趣时,可以停止该活动,以此来吸引儿童对训练者进行眼神注视。模仿策略是指训练者在干预过程中发出与自闭症儿童同样的声音,做出同样的表情和动作,以增加儿童的眼神注视行为。中断活动可以结合回合式教学法或关键反应训练展开;而模仿策略更多地应用于关键反应训练中。研究表明,这两种干预方法的干预效果显著。

(二)手指指示

手指指示是儿童用手指指向某个物品或某个身体部位,分为反应性和主动性手指指示两种。反应性手指指示是指在他人的某种提示下,儿童用手指指示的方式引起他人注意,或者当大人用手指指向新奇或儿童感兴趣的人、事、物时,儿童能跟随大人所指示的方向,看向大人注意的人、事、物;主动性手指指示是指未经他人的任何提示,儿童主动用手指指示的方式引起他人的注意。

研究发现,对自闭症儿童实施反应性手指指示和主动性手指指示的干预时,反应性手指指示的干预效果显著,但主动性手指指示的干预效果较差。当手指指示结合眼神注视同时干预时,对提高自闭症儿童的社交能力有更好的效果。

(三)主动展示

主动展示属于发起式共同注意,主动展示的具体表现常是指儿童将兴趣物拿至成人面前并用眼睛看向成人的行为。研究发现,对自闭症儿童的主动展示行为的干预效果较差。在训练情境中,自闭症儿童的主动展示行为较难发现,一般是在干预者表达出要求后才出现类似行为,并非儿童自己主动发起的展示,且其中较少包含分享的意义。主动展示行为宜采用干预者的适当提示来引发。

第二节　目前干预存在的问题

目前许多有关共同注意干预的研究结果显示，自闭症儿童共同注意的干预是有效的。共同注意干预的即时效果较好，不同的目标行为以及不同的个体具有不同的干预效果。反应式共同注意的干预效果优于发起式共同注意，但也存在维持效果和在自然情境中的泛化效果较差等问题。

一、原因分析

从事干预的临床工作者往往都会有一个深刻的体会，要成功使自闭症儿童出现一个目标行为，可能需要花费很长的时间，并且还可能存在反复，即经过一段时间的干预后自闭症儿童稳定地出现某一目标行为，但再过一段时间之后这一目标行为可能消失，甚至出现能力倒退。文献显示，有关自闭症儿童共同注意的干预研究中的干预时长并不长，一般维持在3~8周，少量研究持续在2~3个月。因此，干预时间偏短和缺少多轮的分层次干预可能是造成以往研究的维持效果和泛化效果较差的重要原因之一。

其次，每位自闭症儿童的临床症状差异非常大，重度、中度和轻度的自闭症儿童在共同注意上的表现也是不一样的。即便对同一名自闭症儿童而言，他在不同的干预训练阶段对目标行为的完成度也是不一样的。而在现有的共同注意干预研究中，自闭症儿童的障碍程度差异通常被忽视，而障碍程度通常会影响自闭症儿童在不同任务中目标行为的表现。因此，自闭症儿童个体障碍程度的差异可能是导致研究难以获得有效结论的另一重要原因。

二、改进措施

为了使共同注意的干预更为有效，提高干预的维持和泛化效果，笔者认为可以从以下几个方面对目前的干预进行改进。

首先，正确评估自闭症儿童共同注意的发展特点和发展水平，慎重选择共同注意干预的介入时机，设置个性化的干预策略。自闭症儿童共同注意的发展轨迹与健康儿童有很大的区别。研究显示，自闭症儿童的社会沟通能力的发展先后顺序为：物体模仿、动作模仿、语言、他人主导的游戏、反应式共同注意与发起式共同注意；根据发展反应取向，自闭症儿童在共同注意的各目标行为的发展顺序为：眼神接触、注意到成人伙伴、轮流、参与行为、自发性的要求、非口语的共同注意。由此可见，如果自闭症儿童的心理发展并未进入共同注意中某目标行为的最近发展区而又接受相应干预，那么干预效果可能不佳。因此，在实施干预前，训练者需要正确评估自闭症儿童共同注意的发展特点和发展水平。具体来讲，包括评估自闭症儿童是否具备共同注意干预的先备能力，是否在日常生活中有部分共同注意行为，以及已经具备或还不具备哪些共同注意能力，同时还应关注养育环境中父母对自闭症儿童的需求和共同注意行为的敏感性。由此，依据评估结果确定儿童的基线，找到干预起点，并选择合适的干预策略。

其次，依据儿童的临床症状特点，灵活地采用集中式或嵌套式的共同注意干预模式。不同自闭症儿童的临床症状差异非常大，对于临床症状较重的自闭症儿童而言，他们的接受性较差，经干预后获得的目标行为稳定性较差，迁移泛化效果也较差；对临床症状较轻的自闭症儿童而言，他们的接受性较好，经干预后获得的目标行为稳定性较好，迁移泛化效果也较好。因此要依据自闭症儿童的临床症状，采取相应的干预措施。对于症状较重的儿童，既要进行集中、密集的共同注意专项干预，也要将共同注意干预嵌入其他干预项目和日常生活事件中。

最后，临床干预模型设置以结构化和自然情境化为核心维度。结构化是指在干预时要设置目标行为，并围绕目标行为进行有计划的干预；自然情境化是指干预的环境接近自闭症儿童的真实日常生活。因此，干预模型设置可以分为3个层级：高结构化—低自然情境化，高结构化—高自然情境化，低结构化—高自然情境化。对于临床症状较重的自闭症儿童而言，他们很难在自然情境下自发出现共同注意行为，因此应根据他们的特点设置共同注意目标行为并进行有计划的干预。临床干预时，应先从高结构化—低自然情境化开始，逐步过渡到后两个层级。而对于临床症状较轻的自闭症儿童而言，尽管他们可能会在自然情境下出现自发的共同注意行为，但也需要进一步稳定已有的共同注意能力和促进更高阶的共同注意能力的发展，干预可以从高结构化—高自然情境化开始，逐步过渡到最后一个层级。

第四章　自闭症儿童共同注意临床干预模式

第一节　干预模式建构的理论基础

在整合了发展反应取向、交流—支持互动取向和合并取向等干预取向，结合儿童中心游戏治疗和行为治疗的基本原理，在前人各类干预研究的基础上，笔者提出了对自闭症儿童共同注意的“整合式核心目标干预模式”。

干预模式的基本原则：基于对自闭症儿童共同注意的发展水平和临床症状评估，制订多个发展目标进行分层干预的干预方案。

干预模式的干预方法：在结构化和自然情境化双维度上选取合适的层次进行介入，并配合回合式教学法和关键反应训练两种方法进行干预。

干预模式的干预策略：集中式干预和嵌套式干预相结合，既要通过专项训练促进共同注意核心目标行为的建立，又可将干预目标嵌套于其他训练项目中。

干预模式的实施主体：以康复师为主要的实施主体，积极拓展父母和同伴为实施主体。

一、基本原则

儿童共同注意的发展并非凭空出现的，而是大脑发育和心理发展达到一定的成熟度时开始萌芽，并按照一定的规律发展的。根据以往的研究，正常儿童共同注意的各目标行为的发展顺序为：眼神接触、眼神交替、手指指示、展示、跟随眼神注视和手指指示方向；而自闭症儿童的社会沟通能力的发展先后顺序为：物体模仿、动作模仿、语言、他人主导的游戏、反应式共同注意与发起式共同注意。因此，对自闭症儿童的共同注意的干预既要符合儿童的心理行为发展规律，又要考虑自闭症儿童的临床特征，这是“整合式核心目标干预模式”干预原则的确立依据。在干预前，需要评估自闭症儿童的心理行为发展特点和水平来执行干预方案。

二、干预方法

不同自闭症儿童的临床症状差别非常大。对于临床症状较重的自闭症儿童而言，他们可能很难在自然情境下自发出现共同注意行为，因此需要单独为他们设置共同注意目标行为并进行有计划的干预；而对于临床症状较轻的自闭症儿童而言，他们可能在自然情境下出现自发的共同注意行为，这就需要进一步稳定既有的目标行为和促进更高阶的共同注意行为的发展。所以“整合式核心目标干预模式”强调要在结构化和自然情境化双维度上选取合适的层级进行介入，并采用回合式教学法和关键反应训练两种方法进行干预。

干预模式包括3个可介入的层级。

1.高结构化—低自然情境化，在此层级中以回合式教学法为主；

2.高结构化—高自然情境化，在此层级中以联合回合式教学法和关键反应训练为主；

3.低结构化—高自然情境化，在此层级中以关键反应训练为主。

三、干预策略

自闭症儿童的行为症状表现有较大的异质性，不同儿童共同注意干预的反应会有很大的差异。对于临床症状较重的自闭症儿童而言，他们的接受性较差，经干预后获得的目标行为稳定性较差，迁移泛化效果也较差；对临床症状较轻的自闭症儿童而言，他们的接受性较好，经干预后获得的目标行为稳定性较好，迁移泛化效果也较好。因此要依据自闭症儿童的临床症状，采取相应的干预措施。对于症状较重的儿童既要进行集中、密集的共同注意专项干预，也要将共同注意干预嵌入其他干预项目和日常生活事件中。因此“整合式核心目标干预模式”强调要设置个性化的干预策略，要把集中式干预和嵌套式干预相结合，既要集中促进共同注意核心目标行为的形成，又要将其嵌入其他干预项目中推进目标行为的泛化。

四、实施主体

研究发现，如果父母能参与对自闭症儿童的干预，以及自闭症儿童能在小组干预中和其他儿童相互激发共同注意行为，那么干预效果会更好。因此“整合式核心目标干预模式”强调康复师团队作为主要的干预实施主体，团队成员负责对自闭症儿童的共同注意发展水平和临床症状进行评估，选择干预介入点，设置干预方案、实施干预。而父母作为干预泛化的重要实施主体,他们经康复师的培训在家庭日常生活中练习和泛化自闭症儿童已经获得的共同注意目标行为。小组同伴作为自闭症儿童的社会支持资源,在小组训练中相互激发共同注意。

第二节　临床干预模式

一、干预模式的内容

“整合式核心目标干预模式”的干预内容包含四大部分：先备能力、反应式共同注意、发起式共同注意和平行能力。

（一）先备能力

先备能力是指在干预共同注意的核心目标行为之前，自闭症儿童需要具备的基础能力，这些能力有助于自闭症儿童更好地获得共同注意核心目标行为。先备能力包括：眼神接触、注意到成人伙伴、参与他人主导的游戏、听从简单的指令和模仿等，具体而言，包括如下5个方面。

1.参与他人主导的游戏

这是指自闭症儿童能在康复师的指导下，不抗拒、不抵触康复师引导他进行游戏，以便康复师和自闭症儿童相互适应对方，建立良好关系。

2.基本回应的行为

当康复师对自闭症儿童发出动作、语音和语言信息后，他们能对这些信息做出基本回应，包括注视、表情与姿势变化、声音变化。这些行为表示自闭症儿童接收到了康复师发出的社交信息并对其做出了一定反应，这也能为后续的共同注意核心目标行为的发展打下基础。其中，注视是指当康复师发出互动信息后，儿童能看向并注视康复师；表情与姿势变化是指与康复师发出信息前相比，在康复师发出信息后，儿童的表情、姿势有所改变，如嘴巴微张看着康复师、看起来对康复师的信息若有所思等；声音变化是指当康复师发起互动行为后，自闭症儿童用声音信息来表达反应。

3.注意到成人伙伴

这是指当康复师出现、拿出或变换玩具，做出活动变化、姿势与声音明显变化时，自闭症儿童能有基本的回应行为。

4.听从简单的指令

康复师发出单一的、明确的言语指令（可伴随手势），儿童跟随指令做出反应并有基本的回应行为，如自闭症儿童能听从康复师的指令拿起某样玩具时，眼神能注视康复师。

5.模仿

当康复师发出动作和语音、语言信息后，儿童能做出模仿康复师的动作与语音、语言信息（模仿正确或不正确均可）。

（二）反应式共同注意

反应式共同注意是共同注意的核心目标行为之一，它是指儿童对他人发起的眼神注视或手指指示做出回应，以分享对事或物的兴趣，包括眼神注视、注视跟随、手指指示跟随等行为。

第一部分先备能力训练对自闭症儿童的社交互动进行基础性干预，但这部分干预的社交互动性并不高，不能达到反应式共同注意所要求的能力水平。因此，在第二部分中要继续开展对自闭症儿童反应式共同注意的干预，增强其社交互动性能力。

第二部分反应式共同注意的干预包括近距离和远距离的共同注意干预。由于在人际互动世界中，各种各样的社交沟通信号都会触发儿童们的反应式共同注意，这些信号大致可以分为3类，分别是语音和语言等听觉信息、身体活动等动觉信息，以及眼神表情等视觉信息。因此，对自闭症儿童的共同注意的干预也需要整合多种信息渠道。

故此,第二部分对反应式共同注意的干预将分别通过语音和语言等听觉信息、身体活动等动觉信息、眼神表情等视觉信息以及多通道整合信息进行近—远距离的反应式共同注意的干预。

(三)发起式共同注意

发起式共同注意是指儿童主动引发他人对其感兴趣的事或物的注意,包括注视、注视交替、手指指示、主动展示等行为。

第一部分先备能力训练对自闭症儿童的注视行为进行基础性干预,第二部分中我们对反应式共同注意进行干预,反应式共同注意传递的社交互动信息为"我看到了""我知道了""我和你注意到了同样的信息",儿童会通过眼神、表情、肢体动作、语言信息等传递出专注、愉悦、惊奇、兴奋、渴望等感受。而发起式共同注意传递出的社交信息则有所不同,具体而言是"我看到了,你也来看看""你来帮帮我"等,儿童会更多地通过眼神、表情、肢体动作、语言信息传递出祈使、渴望、急切等感受。据此,在第三部分发起式共同注意的干预中,我们设置了一个基础能力模块和3个复杂能力模块。

1.基础能力模块

该模块主要内容包括指示性行为和展示兴趣。

(1)指示性行为。这是指自闭症儿童就自己想要吃的、玩的等感兴趣的物品,能够发起共同注意,向康复师或父母指示目标,并传递出请康复师或父母帮忙拿取的信息。

(2)展示兴趣。这是指自闭症儿童就一些自己感兴趣的事或物,通过共同注意行为向康复师或父母展示,包括展示玩具、展示身边所发生的事情等。

2. 复杂能力模块

该模块主要包括3个部分的内容，分别是“建立主动分享意识”“指引他人的注意跟随”和“注意和他人分享的兴趣”。通过这3个板块的训练，可以提高自闭症儿童展示兴趣和维持互动的能力。

（四）平行能力

平行能力是指与目标能力同步发展，与目标能力相关，且可能促进目标能力发展的其他能力。对于正常发展的儿童而言，共同注意能力的发展在1岁半以前就已经发展成熟，而注意力则会持续发展直到童年时期，从这点来看，注意力并非共同注意的平行能力。但对于自闭症儿童来说，他们的注意力却会影响其他能力的干预训练效果。对于一些功能发展得较好的自闭症儿童而言，他们的共同注意能力经干预后可以得到较大的改善，但是他们可能会因为注意力较差而影响干预效果。因此，对注意力的干预可以辅助提高对其他能力的干预效果。

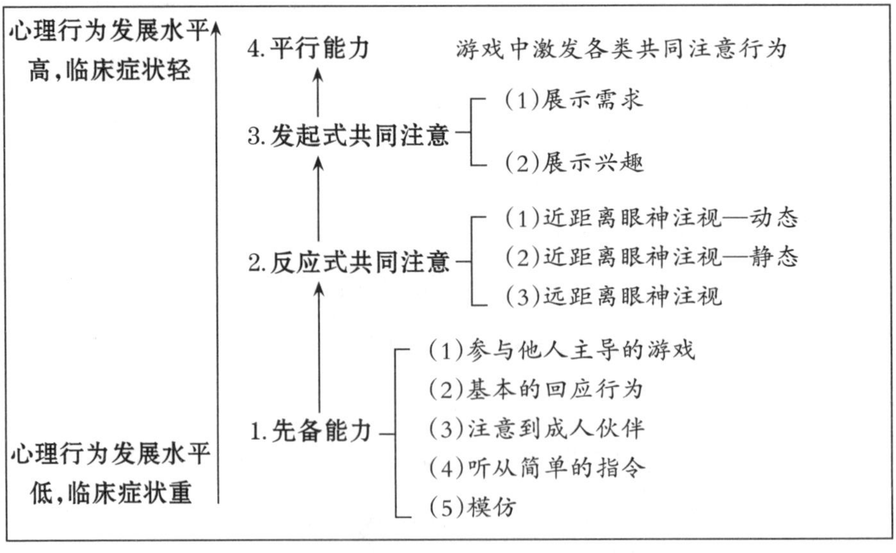

图4-1 “整合式核心目标干预模式”的干预内容

二、干预模式

(一)干预模式介绍

每一部分的干预都遵循下列模式。在评估儿童的共同注意能力发展水平的基础上,选取介入点,设计和选择训练方案,即高结构化—低自然情境化、高结构化—高自然情境化和低结构化—高自然情境化等3个层级。高结构化—低自然情境化方案,训练方式以回合式教学法为主,训练主体是康复师,采用密集式训练。高结构化—高自然情境化方案,以回合式教学法和关键反应训练为主,训练主体是康复师,此外康复师可以指导父母参与训练,也可以加入小组训练,此时的训练仍然是密集式训练。低结构化—高自然情境化方案以关键反应训练为主,训练主体扩展为康复师、经培训的父母,可以加入小组训练,此时的训练可以是嵌套式训练,也就是将训练嵌入日常生活和其他训练项目中。

表4-1 “整合式核心目标干预模式”

训练方案	训练方式	训练主体	干预策略
高结构化—低自然情境化	回合式教学法为主	康复师为主	集中式训练
高结构化—高自然情境化	回合式教学法+关键反应训练	康复师为主、康复师指导下的父母、小组训练	集中式训练
低结构化—高自然情境化	关键反应训练	康复师、经培训的父母、小组训练	嵌套式训练

（二）干预模式应用举例

以反应式共同注意为例。本部分干预的目标行为是动态的近距离眼神注视，也就是受训儿童能够自发地关注到在互动中当互动对象的姿势状态、所呈现的物品发生变化时，能够和互动对象有社交互动性的眼神对视和眼神交替。

1.高结构化—低自然情境化的训练

在这一阶段，康复师给受训儿童呈现一辆拧发条的小车。第一步，康复师依次在呈现小车、拧动发条、小车跑起来和小车跑一会儿停下来时（每一步时，康复师配以简洁词语，如“看车车”“拧发条”“跑起来”“停了”），吸引受训儿童的注意，引发受训儿童对康复师的眼神注视；如果儿童有眼神注视，则奖励儿童玩小车。当受训儿童在上述各环节能有对康复师的眼神注视后，进入到下一步。第二步，康复师让小车跑动后停止下来，此时康复师吸引儿童的注意力，关注儿童的眼神，当小车停下来而儿童对康复师有眼神注视时，康复师发言“小车停了，停了”，此时用语气、姿势变化或将小车呈现到康复师与儿童视线之间的方式，引导儿童继续对康复师进行眼神注视；如果儿童此时的眼神注视能持续一段时间，如3~5秒，则康复师继续拧动小车发条，让小车开动。当受训儿童在对康复师有稳定的眼神注视后，进入到下一步。第三步，重复第二步的步骤，不过有两点不同：一是当小车停止后，康复师的发言改变为“小车停了，还要开吗？”；二是，当康复师拧动发条让小车出发前，康复师吸引儿童的眼神注视，并配合表达兴奋的语言“准备好，要开了”，当儿童对康复师有眼神注视后，开动小车。整个训练在第一步到第三步之间循环。当受训儿童有稳定的眼神注视后，进入高结构化—高自然情境化的训练。

2.高结构化—高自然情境化的训练

这个阶段可以分为康复师与受训儿童一对一训练、小组训练以及经过培训的家长在家带领受训儿童训练3种。康复师与受训儿童一对一训练或小组练习时可以结合“走走停”“吹泡泡”等游戏来开展训练。家长训练可以结合自闭症儿童喜欢看公交车、洒水车或电梯等特点,也可以结合日常生活场景,如父母下班回家进门时,父母把受训儿童喜欢的食物、玩具等拿出来时,促发受训儿童的反应式共同注意行为。

3.低结构化—高自然情境化的训练

这个阶段也可以分为康复师与受训儿童一对一训练、小组训练以及经过培训的家长在家带领受训儿童训练。如,康复师与受训儿童玩吹生日蜡烛的游戏,在蜡烛被点亮和吹灭时,促发儿童的反应式共同注意行为;康复师也可以与受训儿童玩建构游戏,在康复师搭建积木成功或失败时,促发儿童的反应式共同注意行为。在家长训练中,家长可以带儿童去池塘附近看小鱼游水或小狗跑步,在每次小鱼或小狗停顿、转弯时,促发儿童的反应式共同注意行为;家长也可以带儿童去荡秋千、玩旋转椅子、扔石头、玩陀螺、扔球等,当上述物品的运动方式发生变化时,促发儿童的反应式共同注意行为。此外,治疗师也可以将儿童已经获得的眼神注视和眼神交替等目标行为嵌入其他的训练项目中。

表 4-2 “整合式核心目标干预模式”应用举例

目标行为	
动态的近距离眼神注视，也就是受训儿童能够自发地关注到在互动中当互动对象的姿势状态、所呈现的物品发生变化时，能够和互动对象有社交互动性的眼神对视和眼神交替。	
高结构化—低自然情境化训练	
参与人员	康复师和受训儿童
参与形式	一对一训练、集中式训练
训练内容	康复师给受训儿童呈现一个拧发条的小车
训练步骤	①康复师依次在呈现小车、拧动发条、小车跑起来和小车跑一会儿停下来时，引发受训儿童对康复师的眼神注视。 ②康复师让小车跑动后停止下来，此时康复师吸引儿童的注意力，关注儿童的眼神，当小车停下来而儿童对康复师有眼神注视时，康复师发言“小车停了，停了”，此时用语气、姿势变化或将小车呈现到康复师与儿童视线之间的方式，引导儿童继续对康复师进行眼神注视；当儿童的眼神注视能持续一段时间，如3~5秒，则康复师继续扭动小车发条，让小车开动。 ③重复第二步的步骤，注意两点变化：A. 当小车停止后，康复师的发言改变为“小车停了，还要开吗?”；B. 当康复师拧动发条让小车出发前，康复师吸引儿童的眼神注视，并配合表达兴奋的语言“准备好，要开了”。
高结构化—高自然情境化训练	
参与人员	康复师、接受过培训的家长、受训儿童
参与形式	一对一训练、小组训练、家居训练、集中式训练
训练内容	①康复师与受训儿童一对一训练或小组练习 结合“走走停”“吹泡泡”等游戏来开展训练。在“走走停”中，走起来或停下来时，康复师引发受训儿童对康复师的眼神注视。在“吹泡泡”中，泡泡吹出来、泡泡破了时，康复师引发受训儿童对康复师进行眼神注视。 ②家居训练 结合自闭症儿童喜欢看公交车、洒水车或电梯等特点，也可以结合日常生活场景，如父母下班回家进门时，父母把受训儿童喜欢的食物、玩具等拿出来时，促发受训儿童的反应式共同注意行为。

续表

低结构化—高自然情境化训练	
参与人员	康复师、接受过培训的家长、受训儿童
参与形式	一对一训练、小组训练、家居训练、嵌套式训练
训练内容	①康复师与受训儿童一对一训练或小组练习 康复师与受训儿童玩吹生日蜡烛的游戏，在蜡烛被点亮和吹灭时，促发儿童的反应式共同注意行为。 康复师也可以与受训儿童玩建构游戏，在康复师搭建积木成功或失败时，促发儿童的反应式共同注意行为。 ②家居训练 家长可以带儿童去池塘附近看小鱼游水或小狗跑步，在小鱼或小狗每次停顿、转弯时，促发儿童的反应式共同注意行为；家长也可以带儿童去荡秋千、玩旋转椅子、扔石头、玩陀螺、扔球等，当上述物品的运动方式发生变化时，促发儿童的反应式共同注意行为。 ③嵌套式训练 康复师将自闭症儿童已经获得的眼神注视和眼神交替等目标行为嵌入其他的训练项目中。

此外，图4-1“整合式核心目标干预模式”的干预内容具体的模式为：电脑动画与程序训练→康复师与受训儿童一对一真实训练→同伴交往训练。在该模式下，受训儿童首先要观看学习电脑动画，然后在康复师的带领下进入康复师与受训儿童一对一的真实情境中的训练，最后再进入团体训练。这些电脑动画是专门针对自闭症儿童共同注意发展特点而创作的，其主要的目标行为是发起式共同注意中的“主动展示”。

应用篇

- 共同注意先备能力:回应能力
- 共同注意先备能力:听从简单的指令
- 反应式共同注意
- 发起式共同注意
- 建立主动分享意识
- 指引他人的注意跟随
- 注意和分享他人的兴趣
- 注意力训练

第五章　共同注意先备能力:回应能力

共同注意先备能力是指在干预共同注意的核心目标行为之前,自闭症儿童需要具备的能力,这些能力可以使自闭症儿童更好地获得共同注意核心目标行为。先备能力包括:参与他人主导的游戏、眼神接触、注意到成人伙伴、听从简单的指令等。前3种能力在本书中统称为回应能力,本章将对这部分能力的训练进行详细叙述,对听从简单的指令能力的训练将在第六章中进行详细叙述。先备能力的训练适合刚开始进行共同注意训练且不具备先备能力的自闭症儿童。

在训练回应能力时,康复师首先要和自闭症儿童建立好关系,引导自闭症儿童自愿参与康复师的游戏,不抗拒、不抵触康复师引导他游戏,以便康复师和自闭症儿童相互适应对方。接下来,可以通过对"身体与动作信息"的回应和对"语音和语言信息"的互动,对自闭症儿童的基本回应行为展开训练。此部分的训练目标为:在康复师对自闭症儿童发出动作、语音和语言信息后,他们能对这些信息做出基本回应,以及能关注康复师,具体包括看向康复师或康复师的眼睛、表情与姿势变化、模仿、跟随等。这些行为表示自闭症儿童接收到了康复师发出的社交信息并对其做出了一定反应,这也能为后续的共同注意核心目标行为的发展打下基础。

回应能力的干预方法有以下3种。

1.结合回合式教学法和关键反应训练来完成训练室中的高结构化—低

自然情境化的个别训练。

2.结合回合式教学法和关键反应训练来完成训练室中的高结构化—低自然情境化的小组训练。

3.结合关键反应训练和自然式干预等方法来完成嵌套式的小组训练和居家训练。

第一节　对身体与动作信息的回应

一、概述

(一)定义

当康复师对自闭症儿童发起身体互动和动作互动时,他们有注视、表情与姿势变化、模仿、跟随和发起等回应性反应中的一种或多种。其中,身体互动是指康复师发起的互动中以身体接触的机能性的游戏互动为主,包括涵容性的身体动作(如康复师抱着儿童荡秋千)、对抗性的身体动作(如康复师和儿童相互推掌)和联合性的身体动作(如康复师与儿童牵手并用手臂画圆圈)。动作互动是指康复师发起的非身体接触的简单肢体模仿动作的互动,如手指操等。

(二)训练目标

1.康复师和儿童有良好的互动,康复师引导儿童在训练中保持情绪平稳,并在训练中激发儿童积极的情绪体验。

2.在训练中,儿童能对康复师发出的信息做出一种或多种回应性反应,并最终做出跟随与发起这两种回应。

二、注视

(一)训练目标

儿童在与康复师玩滑滑梯的过程中或当活动暂停时,能够看向或注视康复师。

(二)主要内容

1.初阶训练

引导儿童在与康复师玩滑滑梯的过程中,看向或注视康复师。

2.进阶训练

旨在引导儿童在与康复师玩滑滑梯的过程中,主动看向或注视康复师。

(三)工具箱

无。

(四)训练基础

儿童缺乏注视行为。

(五)训练步骤

1.初阶训练:儿童眼睛看向康复师

(1)训练目标

在玩滑滑梯的过程中,儿童能够在引导下眼睛看向或注视康复师。

(2)训练步骤

A.康复师坐在椅子上,将儿童抱起放在大腿上,并说“我们来滑滑梯!”。

B.康复师抱住儿童,左右轻摇并说“摇啊摇,摇啊摇”,然后将其放在膝盖上“啊——呜——”,儿童顺着康复师的膝盖滑下。

(3)达标标准

步骤	儿童正确反应	达标标准
1	儿童在“滑滑梯”的过程中,在引导下能够眼睛看向或注视康复师,并表现出愉悦。	多次重复,儿童能够在活动过程中眼睛看向或注视康复师,连续3次及以上。

2.进阶训练:儿童能够注视康复师

(1)训练目标

儿童在与康复师玩滑滑梯的过程中,能够主动注视康复师,或通过注视发起活动,要求活动继续。

(2)训练步骤

A.康复师坐在椅子上,将儿童抱起放在大腿上,并说“我们来滑滑梯!”。

B.康复师抱住儿童,左右轻摇并说“摇啊摇,摇啊摇”,然后将儿童放在膝盖上“啊——”,再稍做停顿,等待儿童眼神注视后立即“呜——”,儿童顺着康复师的膝盖滑下。

C.儿童滑下后,康复师暂停动作,看向儿童,等待儿童眼神发起 。

(3)达标标准

步骤	儿童正确反应	达标标准
1	儿童能够抬头看向康复师,要求活动继续。	多次重复,儿童能够在动作停顿后注视康复师,连续3次及以上。
2	儿童抬头看向或注视康复师,要求康复师抱起,继续活动。	多次重复,儿童能够在活动结束后看向或注视康复师要求继续活动,连续3次及以上。

注:初阶训练标准适用于大部分符合训练基础的自闭症儿童,指通过本活动,大部分自闭症儿童都能达到的能力水平;进阶训练标准适用于能力较好,需进一步提升的自闭症儿童。

三、表情与姿势

(一)训练目标

当康复师发出互动信息(如与儿童有身体接触或做出夸张的动作、表情)后,儿童的表情、姿势有所改变。

(二)主要内容

1.初阶训练

通过挠痒痒等身体接触,引导儿童在身体接触的过程中表情、姿势发生变化。

2.进阶训练

旨在通过简单动作,引导儿童能够在与他人互动的过程中表情、姿势发生变化。

(三)工具箱

《小老鼠上灯台》视频、小老鼠玩偶。

(四)训练基础

儿童具有一定的注视行为,但缺乏表情、姿势变化的回应性能力。

(五)训练步骤

1.初阶训练:通过身体接触,儿童的表情、姿势发生变化

(1)训练目标

通过身体接触,儿童的表情、姿势发生变化,如大笑、身体蜷缩。

(2)训练步骤

A.康复师播放视频《小老鼠上灯台》,引导儿童理解视频。

B.康复师伸出双手做手指操"小老鼠,上灯台,偷油吃,下不来,喵喵喵,猫来了,叽里咕噜",然后边念"滚下来"边手指靠近儿童,开始挠痒痒。

(3)达标标准

步骤	儿童正确反应	达标标准
1	儿童观看视频,表情愉悦。	多次重复,儿童能够注视视频,表情愉悦。
2	儿童表情、姿势发生变化,如大笑或蜷缩身体,等待康复师挠痒痒。	多次重复,儿童出现大笑或蜷缩身体等回应性反应,连续3次及以上。

2.进阶训练:通过夸张的表情或动作,儿童表情、姿势发生变化

(1)训练目标

通过康复师夸张的表情或动作,儿童的表情、姿势发生变化,如大笑、离开座位。

(2)训练步骤

A.康复师播放视频《小老鼠上灯台》。

B.康复师手拿小老鼠玩偶,边念儿歌边表演《小老鼠上灯台》,然后念到"滚下来"时,语调夸张有趣,并将小老鼠玩偶缓缓靠近儿童,或夸张地丢出去。

(3)达标标准

步骤	儿童正确反应	达标标准
1	儿童表情、姿势发生变化,如大笑或离开位置,去捡小老鼠玩偶。	多次重复,儿童出现大笑或捡玩偶等回应性反应,连续3次及以上。

四、模仿

(一)训练目标

当康复师发出互动信息后,儿童能模仿康复师的动作或语言信息。

(二)主要内容

1.初阶训练

在滚球活动中,儿童能在辅助下模仿他人推球或接球的动作。

2.进阶训练

在滚球活动中,儿童能主动模仿他人推球或接球的动作,或模仿他人的语言信息。

(三)工具箱

发光发声的小球、篮子、动画《圆圆滚小球》。

(四)训练基础

儿童具有一定的语言理解能力,但缺乏模仿行为。

(五)训练步骤

1.初阶训练:儿童能在辅助下模仿康复师的动作

(1)训练目标

当康复师推球或接球后,儿童能够在辅助下模仿康复师的动作,如将球推出去或用篮子接小球。

(2)训练步骤

A.康复师A播放动画《圆圆滚小球》,引导儿童理解动画内容。

B.康复师A拿出小球,并将小球通过桌面滚向儿童,在康复师B的辅助下儿童拿起篮子接住小球,康复师A夸张回应:"耶,接住小球了!"

C.康复师B将小球拿给儿童玩10秒,然后康复师A发出指令"把小球推给我",儿童在康复师B的辅助下将小球推向康复师A。

(3)达标标准

步骤	儿童正确反应	达标标准
1	儿童看向小球,在辅助下用篮子接住小球。	多次重复,儿童能够看向小球,并在辅助下用篮子接住小球,连续3次及以上。
2	儿童拿起小球,在辅助下将小球推给康复师。	多次重复,儿童能够拿起小球,并在辅助下将小球推给康复师,连续3次及以上。

2.进阶训练:儿童能主动模仿康复师的动作或语言

(1)训练目标

当康复师推球或接球后,儿童能主动模仿康复师推球、接球的动作,或同时模仿康复师的语言信息。

(2)训练步骤

A.康复师A与康复师B推小球,一人推一人接,进行示范。

B.康复师A拿出小球,并将小球通过桌面滚向儿童,儿童能够拿起篮子接住小球,康复师A夸张回应:“耶,接住小球了!”

C.康复师A让儿童玩10秒小球,然后康复师A发出指令“把小球推给我”,儿童将小球推向康复师A,康复师A夸张回应:“耶,接住小球了!”

(3)达标标准

步骤	儿童正确反应	达标标准
1	儿童看向小球,并主动用篮子接住小球。	多次重复,儿童能够看向小球,并主动用篮子接住小球,连续3次及以上。
2	儿童拿起小球,主动将小球推给康复师。	多次重复,儿童能够拿起小球,并主动将小球推给康复师,连续3次及以上。

五、跟随

(一)训练目标

在拍鼓活动中,当康复师发出互动信息后,儿童能够持续性地注视、模仿康复师的拍鼓动作或表情与姿势的变化等,且跟随康复师互动信息的改变而改变。

(二)主要内容

1.初阶训练

引导儿童在拍鼓活动过程中,跟随康复师拍鼓的动作或位置进行视线转移。

2.中阶训练

旨在引导儿童在拍鼓活动中,在辅助下跟随康复师拍鼓的动作进行模仿。

3.高阶训练

引导儿童在拍鼓活动中,主动跟随康复师的节奏进行拍鼓。

(三)工具箱

2个可拍打的鼓、音乐《小鼓响咚咚》。

(四)训练基础

儿童有一定的注视行为,能模仿简单的动作,但缺乏跟随他人的行为。

(五)训练步骤

1.初阶训练:儿童视线跟随康复师

(1)训练目标

在拍鼓活动过程中,通过康复师的动作,包括身体或手部动作,儿童进行视线跟随。

(2)训练步骤

A.康复师拿出小鼓,并用手指向小鼓"你看,小鼓",然后拍拍鼓。

B.康复师拿起小鼓,有节奏地拍鼓,儿童注视后,康复师站起来走几步,停下,再继续有节奏地拍鼓,儿童注视后康复师又换位置。

(3)达标标准

步骤	儿童正确反应	达标标准
1	儿童看向小鼓。	多次重复,儿童能够通过康复师手指的方向看向小鼓,连续3次及以上。
2	儿童跟随康复师位置的移动进行视线的转移。	多次重复,儿童能够跟随康复师进行视线转移,连续3次及以上。

2. 中阶训练:儿童在辅助下跟随康复师进行模仿

(1)训练目标

在拍鼓活动过程中,儿童在辅助下跟随康复师模仿拍鼓。

(2)训练步骤

A. 康复师A播放音乐《小鼓响咚咚》。

B. 康复师A与儿童面对面坐,康复师B与儿童并排坐。康复师A与儿童各放一个小鼓在自己面前,康复师A再次播放《小鼓响咚咚》,"我的小鼓响咚咚,你说话儿它都懂,我说小鼓别响了,小鼓说声咚咚咚"。当唱到"响咚咚"和"咚咚咚"时,康复师A拍3下鼓,儿童在康复师B的辅助下模仿拍3下鼓。

(3)达标标准

步骤	儿童正确反应	达标标准
1	儿童在辅助下跟随康复师拍鼓。	多次重复,儿童能够在辅助下跟随康复师拍鼓,连续3次及以上。

3. 高阶训练:儿童主动跟随康复师进行模仿

(1)训练目标

在拍鼓活动过程中,儿童主动跟随康复师模仿拍鼓。

(2)训练步骤

康复师与儿童面对面坐，一人拿一个小鼓放在自己面前，再次播放《小鼓响咚咚》，"我的小鼓响咚咚，你说话儿它都懂，我说小鼓别响了，小鼓说声咚咚咚"。当唱到"响咚咚"和"咚咚咚"时，康复师拍3下鼓，儿童主动跟随康复师模仿拍鼓。

(3)达标标准

步骤	儿童正确反应	达标标准
1	儿童跟随康复师拍鼓。	多次重复，儿童能够跟随康复师拍鼓，连续3次及以上。

拓展训练

1. 训练目标

在拍鼓活动过程中，康复师拍鼓的节奏发生变化后，儿童能够跟随康复师的节奏变化而进行改变。

2. 训练基础

儿童已具备基本模仿回应能力；已通过"跟随"部分的初阶、中阶、高阶训练。

3. 工具箱

2个小鼓。

4.训练步骤

(1)康复师与儿童面对面坐,一人面前放一个鼓,康复师发出指令"跟着我的节奏敲鼓"。

(2)康复师快速敲鼓,并配合节奏表达"啪啪啪……";然后康复师慢慢敲鼓,并配合节奏表达"啪——啪——啪——啪——"。

(3)康复师敲鼓的节奏快慢交替进行。

5.达标标准

步骤	儿童正确反应	达标标准
1	儿童跟随康复师的节奏敲鼓。	儿童能够跟随康复师的节奏敲鼓,连续3次及以上。

六、发起

(一)训练目标

当康复师取出啪啪圈手环后,儿童能够通过看向康复师、拉他的手或采用发音、语言等方式要求活动继续。

(二)主要内容

1.初阶训练

引导儿童在活动过程中,通过眼神或简单的手势要求康复师继续活动。

2.进阶训练

旨在引导儿童在活动过程中,通过简单的语音或语言要求康复师继续活动。

（三）工具箱

啪啪圈手环。

（四）训练基础

儿童已经具备注视、模仿等回应能力，但缺乏主动发起行为。

（五）训练步骤

1.初阶训练：儿童通过注视或简单的手势发起活动

（1）训练目标

在啪啪圈活动中，儿童能够通过注视康复师或者用简单的手势，要求康复师继续啪啪圈活动。

（2）训练步骤

A.康复师拿出啪啪圈手环，数“1，2，3”后将啪啪圈套在手上，进行示范。

B.康复师拉着儿童的手，数“1，2，3”后将啪啪圈套在儿童手上。

C.康复师取出啪啪圈说“再来一次”，再次将儿童的手拉过来，看向儿童并慢慢数“1——2——3”，稍做停顿，等待儿童注视后将啪啪圈套在儿童手上。

D.康复师停止活动，等待儿童发起继续活动的行为。

（3）达标标准

步骤	儿童正确反应	达标标准
1	儿童注视康复师，表现出期待。	多次重复，儿童能够在数数时看向康复师，连续3次及以上。
2	儿童看向康复师或者拉着康复师的手，要求活动继续。	多次重复，儿童能够出现看向康复师或拉着康复师的手要求继续活动等行为，连续3次及以上。

2.进阶训练:儿童通过简单的语音或语言发起活动

(1)训练目标

在啪啪圈活动中,儿童能够通过简单的语音或语言,主动要求康复师继续啪啪圈活动。

(2)训练步骤

A.康复师拉着儿童的手,数“1,2,3”后将啪啪圈套在儿童手上。

B.康复师取出啪啪圈说“再来一次”,再次将儿童的手拉过来,看向儿童并慢慢数“1——2——3”,康复师停顿。等待儿童发音后,康复师将啪啪圈套在儿童手上。

(3)达标标准

步骤	儿童正确反应	达标标准
1	儿童发音或说简单的语言。	多次重复,儿童能够在康复师停顿后发音或说简单的语言,表达需求,连续3次及以上。

第二节　语音和语言互动

一、概述

(一)定义

当康复师对儿童发起语音和简单的语言互动时,儿童有注视、表情与姿势变化、模仿、跟随和发起等回应性反应中的一种或多种反应。其中语音互动是指康复师发起的有语音信息的互动,儿童在接收到语音信息以后能做出与语音信息相匹配的回应性反应。

(二)训练目标

1. 如果康复师的语音信息和简单的语言信息只是引起儿童的注意,那么在此过程中,儿童需要有注视、表情与姿势变化等回应性反应。

2. 如果康复师的语音信息和简单的语言信息是为了让儿童做出某种反应,那么儿童需要在接收到信息后有注视、表情与姿势变化、模仿、跟随和发起等回应性反应中的一种或多种。

3. 通过活动促发、引导儿童在训练过程中有积极的情感体验。

二、注视

(一)训练目标

在开火车活动中,当康复师发出语音或语言信息后,儿童能够注视康复师。

(二)主要内容

1.初阶训练

在开火车的活动中,康复师通过发出语音信息,引导儿童注视康复师。

2.进阶训练

在开火车的活动中,康复师通过发出语言信息,引导儿童注视康复师或康复师的手势,进行视线转移。

(三)工具箱

发光发声的小火车玩具。

(四)训练基础

儿童有一定的语言理解能力,但缺乏注视的回应能力。

(五)训练步骤

1.初阶训练:通过语音信息,儿童注视康复师

(1)训练目标

在开火车的活动中,康复师发出语音信息如“呜——”后,儿童能注视康复师。

(2)训练步骤

康复师拿出小火车,并发出“呜——”,然后康复师在儿童身边开动小火车,儿童注视康复师。

(3)达标标准

步骤	儿童正确反应	达标标准
1	儿童注视康复师。	多次重复,儿童能够在活动过程中看向康复师,连续3次及以上。

2.进阶训练:通过语言信息,儿童注视康复师,进行视线转移

(1)训练目标

在开火车的活动中,康复师发出语言信息“小火车来了”后,儿童能注视康复师或康复师的手势,进行视线转移。

(2)训练步骤

A.康复师拿出小火车玩具,并夸张表达“小火车来了”。

B.康复师拿着小火车在儿童身上“开”,并表达“火车开到××上”,如肚子上、头上、膝盖上,儿童根据康复师的语言,注视康复师,并看向对应的地方。

(3)达标标准

步骤	儿童正确反应	达标标准
1	儿童能够注视康复师,并看向对应的地方。	多次重复,儿童能够根据康复师的语言信息进行视线转移,连续3次及以上。

三、表情与姿势变化

(一)训练目标

当他人发出语音信息或语言信息后,儿童的表情、姿势发生变化。

(二)主要内容

1.初阶训练

康复师通过简单的语音信息如“哦豁”,引导儿童在训练过程中表情、姿势发生变化,如大笑。

2.进阶训练

康复师通过简单的语言信息如“××掉了”,引导儿童在活动过程中表情、姿势发生变化。

(三)工具箱

若干积木、若干水果卡片。

(四)训练基础

儿童已经具备对身体与动作信息的回应能力。

(五)训练步骤

1.初阶训练:通过语音信息,儿童的表情、姿势发生变化

(1)训练目标

康复师发出语音信息后,如“哦豁”,儿童的表情、姿势发生变化,如大笑。

(2)训练步骤

A.康复师拿出若干积木往上搭,搭到一定高度时,积木倒了,康复师看向儿童,并夸张地表达"哦豁!"(或其他语气词)。

B.康复师将积木拿给儿童,辅助儿童往上搭积木,积木倒了,康复师看向儿童,并夸张地表达"哦豁!"。

(3)达标标准

步骤	儿童正确反应	达标标准
1	儿童的表情、姿势发生明显变化。	多次重复,儿童能够在活动过程中出现大笑或其他行为。

2.进阶训练:通过语言信息,儿童的表情、姿势发生变化

(1)训练目标

康复师发出语言信息后,儿童的表情、姿势发生变化,如大笑或离开位置捡东西。

(2)训练步骤

A.康复师将若干水果卡片拿在手上,先抽出一张,然后将卡片飞向远处,并夸张表达"××掉了",如"葡萄掉了",然后等待儿童反应。

B.康复师继续活动,丢下一张卡片。

(3)达标标准

步骤	儿童正确反应	达标标准
1	儿童的表情、姿势发生变化,如大笑或离开位置去捡卡片、模仿康复师继续丢卡片。	多次重复,儿童出现大笑或捡卡片、模仿丢卡片等回应性反应,连续3次及以上。

四、模仿

(一)训练目标

当康复师发出语言信息并做出相应的动作后,儿童能够模仿康复师的语言信息或动作。

(二)主要内容

1.初阶训练

通过康复师发出的语言信息,如“拍手”,引导儿童在辅助下模仿康复师的动作。

2.进阶训练

通过康复师发出的语言信息,如“拍手”,并做出相应的动作后,引导儿童模仿康复师的行为。

(三)工具箱

音乐《幸福拍手歌》。

(四)训练基础

儿童已具有动作模仿能力,并能理解简单语义。

(五)训练步骤

1.初阶训练:儿童在辅助下模仿康复师的动作

(1)训练目标

当康复师发出语言信息,如“拍手”后,儿童能够在辅助下模仿康复师的动作。

（2）训练步骤

A.康复师播放音乐《幸福拍手歌》，并在“拍拍手”“踩踩脚”时进行对应动作的示范。

B.康复师再次播放《幸福拍手歌》，并在“如果感到幸福，你就拍拍手”时停下，康复师拍手并语言提示“拍手”，儿童在辅助下拍手。以此类推“踩脚”“拍腿”。

（3）达标标准

步骤	儿童正确反应	达标标准
1	儿童在辅助下拍手、跺脚等。	多次重复，儿童能够在辅助下模仿对应的动作，连续3次及以上。

2.进阶训练：儿童能模仿康复师的行为

（1）训练目标

当康复师发出语言信息如“拍手”，并做出相应的动作后，儿童能够模仿康复师的语言和动作。

（2）训练步骤

A.康复师播放音乐《幸福拍手歌》，并在“拍拍手”“踩踩脚”时进行对应动作的示范。

B.康复师再次播放《幸福拍手歌》，并在“如果感到幸福，你就拍拍手”时停下，康复师拍手并语言提示“拍手”，儿童拍手。

C.康复师第3次播放《幸福拍手歌》，并在“如果感到幸福，你就拍拍手”时停下，康复师拍手并语言提示“拍手”，儿童模仿康复师拍手并表达“拍手”。

(3)达标标准

步骤	儿童正确反应	达标标准
1	儿童模仿拍手、跺脚等。	多次重复,儿童能够主动模仿对应的动作,连续3次及以上。
2	儿童主动拍手、跺脚等,模仿康复师拍手并表达"拍手"等。	多次重复,儿童能够主动模仿对应的动作并表达"拍手"等,连续3次及以上。

五、跟随

(一)训练目标

当康复师发出语音或语言信息后,儿童能够对其发出的信息进行回应,如注视、跑等。

(二)主要内容

1.初阶训练

通过康复师发出的语音信息,如"咚咚咚",引导儿童在活动过程中及辅助下对康复师发出的信息进行回应,如"跑"。

2.进阶训练

通过康复师发出的语言信息,如"跑跑跑",引导儿童在活动过程中对康复师发出的信息进行回应,如"跑"。

(三)工具箱

2把椅子、摇铃。

(四)训练基础

儿童已经具备对身体与动作信息的跟随回应能力。

(五)训练步骤

1.初阶训练:通过语音信息,儿童在辅助下跟随康复师做动作

(1)训练目标

康复师发出语音信息后,如“咚咚咚”,儿童能够在辅助下跟随康复师发出的信息做动作,如“跑”。

(2)训练步骤

A.康复师A将2把椅子摆在中间,康复师A开始摇铃并发出“咚咚咚”的语音信息,然后围绕椅子跑。儿童在康复师B的辅助下跟随康复师A进行活动。

B.摇铃停止,康复师A坐在椅子上,儿童在康复师B的辅助下跟随康复师A坐在椅子上。

(3)达标标准

步骤	儿童正确反应	达标标准
1	儿童在辅助下跟随康复师跑。	多次重复,儿童能够在辅助下跟随康复师跑,连续3次及以上。
2	儿童在辅助下跟随康复师坐在椅子上。	多次重复,儿童能够在辅助下跟随康复师坐在椅子上,连续3次及以上。

2.进阶训练:通过语言信息,儿童跟随康复师做动作

(1)训练目标

康复师发出语言信息,如“跑跑跑”“停”后,儿童能够跟随康复师发出的信息做动作,如跑、坐下。

(2)训练步骤

A.康复师将2把椅子摆在中间,康复师摇铃并发出语言信息,如“跑跑跑”后,开始围绕椅子跑,儿童跟随康复师跑。

B.摇铃停止,康复师发出语言信息“停”后,坐在椅子上,儿童跟随康复师坐下。

(3)达标标准

步骤	儿童正确反应	达标标准
1	儿童跟随康复师跑。	多次重复,儿童能够跟随康复师跑,连续3次及以上。
2	儿童跟随康复师坐在椅子上。	多次重复,儿童能够跟随康复师坐在椅子上,连续3次及以上。

拓展训练

1.训练目标

当他人发出语音或语言信息,如“咚咚咚”“跑跑跑”后,儿童能够跟随他人节奏的改变而转移注视、改变表情与姿势、进行模仿等,如跑、摇晃摇铃、坐下。

2.训练基础

儿童已具备基本跟随回应能力,已通过初阶、进阶训练。

3.工具箱

摇铃、2把椅子。

4.训练步骤

(1)康复师将2把椅子摆在中间,康复师摇铃后并发出“咚咚咚”或“跑跑跑”等语音或语言信息,儿童跟随康复师的语音或语言信息围绕椅子跑。

(2)康复师停止摇铃,并发出语言信息“停”后,儿童跟随康复师的语言信息坐下。

5.达标标准

步骤	儿童正确反应	达标标准
1	儿童跟随康复师的语音或语言信息进行活动。	儿童能够跟随康复师的语音或语言信息进行活动,连续3次及以上。
2	儿童跟随康复师摇铃声音的变化进行活动。	儿童能够跟随康复师摇铃声音的变化进行活动,连续3次及以上。

六、发起

(一)训练目标

当他人发出的语音或语言信息停止后,儿童能够通过动作、语音、语言等方式要求活动继续。

(二)主要内容

1.初阶训练

在康复师发出表示停止的语言信息,如“气球不见了”后,引导儿童通过注视或简单的手势发起活动。

2.中阶训练

康复师停止发出语言信息后,引导儿童在辅助下通过简单的语言发起活动,如在辅助下表达"气球"。

3.高阶训练

康复师停止发出语言信息后,引导儿童主动通过简单的语言发起活动。

(三)工具箱

气球。

(四)训练基础

儿童有注视行为,有一定的语言理解能力和表达能力,但缺乏主动发起活动的能力。

(五)训练步骤

1.初阶训练:儿童通过注视或简单的手势发起活动

(1)训练目标

康复师吹气球停顿时,儿童能够通过注视康复师或者用简单的手势发起活动,如看向他人、拉他人,要求康复师再次进行活动。

(2)训练步骤

A.康复师拿出气球,说"气球",然后将气球吹大,吹到一定程度,康复师数"1——2——3——",放飞气球,并夸张地回应"气球不见了"。

B.康复师重新拿一个气球,放在嘴边准备吹气,然后停顿,等待儿童发起活动。

(3)达标标准

步骤	儿童正确反应	达标标准
1	儿童注视康复师或拉康复师的手,要求康复师继续活动。	多次重复,儿童能够在康复师停顿后,注视或拉康复师的手,要求活动继续,连续3次及以上。

2.进阶训练:儿童在辅助下通过简单的语言发起活动

(1)训练目标

康复师吹气球停顿时,儿童能够在辅助下通过简单的语言发起活动,如在辅助下表达"气球",要求康复师再次进行活动。

(2)训练步骤

A.康复师A与儿童面对面坐,康复师B与儿童并排坐。

B.康复师A拿出气球,并表达"气球",然后将气球吹大,吹到一定程度,康复师数"1——2——3——",放飞气球,并夸张地回应"气球不见了"。

C.康复师A重新拿一个气球,放在嘴边准备吹气,然后停顿,等待儿童发起活动,若儿童看向康复师或拉康复师的手,康复师B则辅助儿童表达"气球"。

D.儿童表达后,康复师A再次吹气球。

(3)达标标准

步骤	儿童正确反应	达标标准
1	儿童在辅助下表达"气球",要求活动继续。	多次重复,儿童能够在辅助下表达"气球",连续3次及以上。

3.高阶训练:儿童通过简单的语言发起活动

(1)训练目标

康复师吹气球停顿时,儿童能够主动通过简单的语言发起活动,如主动表达"气球",要求康复师再次进行活动。

(2)训练步骤

A.康复师拿出气球,说"气球",然后将气球吹大,吹到一定程度,康复师数"1——2——3——",放飞气球,并夸张地回应"气球不见了"。

B.康复师重新拿一个气球,放在嘴边准备吹气,然后停顿,等待儿童发起活动。

C.儿童发出语言信息表达"气球"后,康复师再次吹气球。

(3)达标标准

步骤	儿童正确反应	达标标准
1	儿童发出语言信息表达"气球",要求活动继续。	多次重复,儿童能够主动表达"气球",要求活动继续,连续3次及以上。

第三节　嵌套式训练

一、小组训练:铺路前行

(一)训练目标

当他人做出拿圈或跳圈的动作,或在这过程中发出语音信息后,儿童能模仿他人的动作或语音信息(模仿正确或不正确均可)。

(二)工具箱

2组相同的呼啦圈各5个;儿童的强化物(如小汽车)2个。

(三)训练基础

儿童具备初步的模仿能力,能注视他人,无口语表达,但有一定的语言理解能力,具备一定的跳跃运动能力。

(四)训练步骤

1.康复师准备2组5个颜色不同的呼啦圈,1组放在桌面的左侧,1组放置在桌面的右侧。在桌子前方的一定距离处,放置相同的2辆小汽车。康复师站在桌面左侧,儿童站在桌面右侧。

2.康复师拿起一个红色的呼啦圈,对儿童说:“拿一样的。”儿童拿取后,康复师再次发出指令“跟我做”,随即将呼啦圈摆放在地上。等待儿童摆放后,康复师跳进呼啦圈并同时表达“跳”,等待儿童跳进呼啦圈,康复师再回应儿童,如“你真棒!”。

3.康复师再次拿取颜色不一样的呼啦圈,重复步骤2,直至将所有的呼啦圈摆放成直线,到达强化物摆放处。

4.康复师拿取小汽车,等待儿童拿取后,康复师和儿童一起玩小汽车。

二、家居训练:好玩的吸管

(一)训练目标

当他人做出插吸管的动作,或在活动过程中发出语音信息后,儿童能模仿他人的动作或语音信息(模仿正确或不正确均可)。

(二)工具箱

2瓶配有吸管的牛奶或酸奶。

(三)训练基础

儿童具备初步的模仿能力,能注视他人,无口语表达,但有一定的语言理解能力,具备一定的手眼协调能力。

(四)训练步骤

1.家长与儿童面对面坐在桌子的两侧,将2瓶牛奶放置在桌子中间。

2.家长先拿取1瓶牛奶,并扯下牛奶盒上的吸管,对儿童说:“跟我做。”等待儿童扯下吸管后,家长将自己和儿童的吸管包装纸撕开。

3.家长拿取吸管,对准吸管口,并同时表达“插吸管”,随后将吸管插入牛奶盒内,然后对儿童发出指令“插吸管”,等待儿童插吸管。

4.等儿童完成后,家长与儿童一起喝牛奶,可发出语音、语言信息,如“干杯”。

第六章　共同注意先备能力：听从简单的指令

在干预共同注意的核心目标行为之前，自闭症儿童需要具备一些先备能力，这些能力可以使自闭症儿童更好地获得共同注意核心目标行为。先备能力包括：参与他人主导的游戏、眼神接触、注意到成人伙伴、听从简单的指令。在第五章中我们介绍了前3种能力（统称为“回应能力”），本章将对“听从简单的指令”的能力进行训练，具体内容包括“一步指令”和“两步指令”两个部分，以及嵌套式的小组训练和家居训练。

相比“回应能力”，“听从简单的指令”这种能力所需求的行为需要自闭症儿童更有意识地和更主动地参与，对该能力的训练也可以促使自闭症儿童更加关注周围的人际环境，增强他们的人际互动能力。

第一节　一步指令

一、概述

（一）定义

康复师发出单一的、明确的言语指令后（可伴随手势），儿童能够跟随指令做出反应，如“坐下”。

（二）训练目标

1.经过训练，儿童能快速、正确地执行康复师发出的一步指令。

2.儿童能区分和辨别一步指令，并对不同的一步指令做出相应的反应。

二、动作提示

（一）训练目标

儿童能够根据他人的动作提示完成一步指令。

（二）主要内容

1.初阶训练

引导儿童近距离根据康复师的动作提示执行一步指令。

2.进阶训练

引导儿童远距离根据康复师的动作提示执行一步指令。

（三）工具箱

发光发声的小汽车、动画《小明拿小车》。

（四）训练基础

儿童具有回应性反应能力。

(五)训练步骤

1.初阶训练:儿童能近距离根据动作提示执行一步指令

●训练目标

儿童能够在康复师的动作提示下执行一步指令,距离50厘米左右。

●训练步骤

(1)康复师播放动画《小明拿小车》。

(2)康复师向儿童解释动画,如"小明把小汽车拿给熊猫圆圆了"。

(3)康复师与儿童面对面坐在桌子两边,康复师将小汽车拿给儿童玩10秒后,用手指向小汽车,并发出指令"给我"。

●达标标准

步骤	儿童正确反应	达标标准
1	儿童将小汽车拿给康复师。	多次重复,儿童能够在动作提示下,将小汽车拿给康复师,连续3次及以上。

2.进阶训练:儿童能远距离根据动作提示执行一步指令

●训练目标

儿童能够在康复师的动作提示下执行一步指令,距离1米以上。

●训练步骤

(1)康复师再次播放动画《小明拿小车》。

(2)儿童与康复师A和康复师B并排坐,康复师A将小汽车放在距离座位1米以上的位置。

(3)康复师A用手指向小汽车,并对康复师B发出指令"给我",康复师B离开座位将小汽车拿给康复师A。

(4)康复师A再次将小汽车放在距离座位1米以上的位置,用手指向小汽车,并对儿童发出指令"给我"。

●达标标准

步骤	儿童正确反应	达标标准
1	儿童将小汽车拿给康复师。	多次重复,儿童在动作提示下,将小汽车拿给康复师,连续3次及以上。

三、语言指令

(一)训练目标

儿童能够根据他人发出的单一语言指令做出反应。

(二)主要内容

1.初阶训练

引导儿童在活动中完成一步指令。

2.进阶训练

在泛化的情况下,引导儿童在活动中完成一步指令。

(三)工具箱

鼓槌、鼓、苹果、杯子。

(四)训练基础

儿童能够在动作提示下完成一步指令。

(五)训练步骤

1.初阶训练:儿童能执行一步指令

●训练目标

在康复师的引导下,儿童能够执行一步指令,如“敲鼓”。

●训练步骤

(1)康复师A与儿童面对面坐,康复师B与儿童并排坐,康复师A将鼓槌放在鼓旁边,并对康复师B发出指令“敲鼓”,康复师B拿起鼓槌敲鼓。

(2)康复师A再次将鼓槌放在鼓旁边,对儿童发出指令“敲鼓”。

●达标标准

步骤	儿童正确反应	达标标准
1	儿童拿起鼓槌敲鼓。	多次重复,儿童能够拿起鼓槌敲鼓,连续3次及以上。

2.进阶训练:儿童能在泛化的情况下,执行一步指令

●训练目标

在康复师的引导下,儿童能够执行一步指令,如“拿苹果”“拿杯子”等。

●训练步骤

(1)康复师与儿童面对面坐,康复师将苹果、杯子放在桌面上。

(2)康复师A对儿童发出指令“拿苹果/拿杯子”。

●达标标准

步骤	儿童正确反应	达标标准
1	儿童拿起苹果或杯子给康复师。	多次重复,儿童能拿起苹果或杯子给康复师,连续3次及以上。

四、分辨不同的指令

(一)训练目标

当他人发出不同指令后,儿童能够分辨不同的一步指令,如“拿××”“捡××”“放××”。

(二)主要内容

1.初阶训练

当康复师发出不同指令后,引导儿童分辨简单的不同指令,如“捡××,放××”(相同物品)。

2.进阶训练

当康复师发出不同指令后,引导儿童分辨较复杂的不同指令,如“拿××,捡××,放××”(不同物品)。

(三)工具箱

乒乓球、水果模型、篮子、碗。

(四)训练基础

儿童能够完成一步指令,认识常用物品。

(五)训练步骤

1.初阶训练:儿童能分辨简单的不同的一步指令

●训练目标

儿童能够分辨简单的不同的一步指令,如“放××,拿××”(相同物品)。

●训练步骤

(1)康复师将若干乒乓球散落在房间内,引导儿童"捡乒乓球";然后,康复师再引导儿童将乒乓球放进篮子里。儿童执行指令后,康复师使用夸张的表情或语气回应儿童,如"哇,你真棒"。

(2)康复师对儿童发出指令"捡乒乓球",引导儿童执行指令;康复师拿着篮子,再次对儿童发出指令"放乒乓球"。儿童执行指令后,康复师使用夸张的表情或语气回应儿童,如"哇,你真棒"。

●达标标准

步骤	儿童正确反应	达标标准
1	康复师发出指令后,儿童执行"捡乒乓球,放乒乓球"的指令,捡起乒乓球并放进篮子里面。	多次重复,在引导下儿童能够捡起乒乓球并放进篮子里,连续3次及以上。

2.进阶训练:儿童能分辨较复杂的不同指令

●训练目标

儿童能够分辨较复杂的不同的一步指令,如"捡××(不同物品),放到××里面"。

●训练步骤

(1)康复师将若干乒乓球和水果模型散落放在房间内,并在桌上放置装物品的容器,如碗、篮子等,然后对儿童发出指令"捡乒乓球",康复师引导儿童将地上的乒乓球捡起来;康复师再次对儿童发出指令"放到篮子里",康复师引导儿童将乒乓球放进篮子里。儿童执行指令后,康复师回应儿童,如"哇,你真厉害"。

(2)康复师对儿童发出指令"捡香蕉",儿童执行指令后,康复师再次对儿童发出指令“放到碗里面”，儿童执行指令后，康复师回应儿童，如“哇，你真厉害”。

●达标标准

步骤	儿童正确反应	达标标准
1	儿童根据康复师指令，拿着指定物品放进指定的容器里面。	多次重复，儿童能够拿着指定物品放进指定的容器里，正确完成指令，连续3次及以上。

第二节 两步指令

一、概述

(一)定义

康复师发出2个具备时间连续性和动作连贯性的一步指令(可以辅以手势),儿童能够跟随指令做出行为反应,并且需先完成第一个一步指令才能再完成第二个一步指令,如“把纸捡起来扔进垃圾桶”。

(二)训练目标

1. 儿童能够在康复师的提示下连贯地完成两步指令中要求的操作任务。

2. 经过训练,儿童能够在康复师不提示的情况下连贯地完成两步指令中要求的操作任务。

二、动作提示

(一)训练目标

当康复师发出指令后,儿童能够根据康复师的动作提示,完成两步指令。

（二）主要内容

1.初阶训练

当康复师发出指令后，引导儿童根据动作提示完成两步指令。

2.进阶训练

在泛化的情况下，引导儿童根据动作提示完成两步指令。

（三）工具箱

投币装置（硬币盒、硬币）、球、篮子、桶。

（四）训练基础

儿童能够较好地完成一步指令任务。

（五）训练步骤

1.初阶训练：儿童能根据动作提示执行两步指令

●训练目标

在康复师发出两步指令后，儿童能够根据康复师的动作提示（如“指”）执行两步指令。

●训练步骤

（1）康复师A将硬币盒和球放在桌面的一边，篮子放在桌面的另一边。

（2）康复师A面对康复师B和儿童坐下，拿出硬币给康复师B，并对康复师B发出指令“先投币，再把球丢进篮子里”，然后康复师A用手指向硬币盒并说“先投币”。康复师B投币后，康复师A用手指向篮子并说“再把球丢进篮子里”，康复师B丢球。

（3）康复师A将硬币拿给儿童，并发出指令“先投币，再把球丢进篮子里”,然后康复师A用手指向硬币盒并说“先投币”。儿童投币后,康复师A用手指向篮子并说“再把球丢进篮子里”。

●达标标准

步骤	儿童正确反应	达标标准
1	儿童根据康复师的动作提示进行投币和丢球。	多次重复,儿童能够在动作提示下,正确完成两步指令,连续3次及以上。

2.进阶训练:儿童能在泛化的情况下,根据动作提示执行两步指令

●训练目标

在康复师发出两步指令后,儿童能够根据康复师的动作提示(如“指”),在泛化情况下执行两步指令。

●训练步骤

(1)康复师A将硬币盒和球放在桌面上,桶放在桌下。

(2)康复师A面对康复师B和儿童坐下,拿出硬币给康复师B,并对康复师B发出指令“先投币,再把球丢进桶里”,然后康复师A用手指向硬币盒并说“先投币”。康复师B投币后,康复师A用手指向桶并说“再把球丢进桶里”,康复师B丢球。

(3)康复师A将硬币拿给儿童,并发出指令“先投币,再把球丢进篮子里”,然后康复师A用手指向硬币盒并说“先投币”。儿童投币后,康复师A用手指向桶并说“再把球丢进桶里”。

●达标标准

步骤	儿童正确反应	达标标准
1	儿童根据康复师的动作提示正确投币和丢球。	多次重复,儿童能够在动作提示下,正确完成两步指令,连续3次及以上。

三、语言指令

(一)训练目标

当康复师发出两步指令后,儿童能够独立执行两步指令。

(二)主要内容

1.初阶训练

当康复师发出两步指令后,引导儿童执行连续性两步指令,如“把苹果摘下来放进篮子里”。

2.进阶训练

当康复师发出两步指令后,引导儿童执行非连续性两步指令,如“把苹果摘下来,喂给熊猫吃”。

(三)工具箱

水果树模型、篮子、多个动物玩偶。

(四)训练基础

儿童能够较好地完成一步指令,并能在动作提示下执行两步指令。

(五)训练步骤

1.初阶训练:儿童能执行连续性两步指令

●训练目标

当康复师发出两步指令后,儿童能够执行连续性两步指令,如“把苹果摘下来放进篮子里”。

●训练步骤

(1)康复师A提前将水果树模型放在桌面上,并将篮子放在一旁。康复师A、康复师B和儿童面对水果树模型坐下。

(2)康复师A向康复师B发出指令“把苹果摘下来放进篮子里”,康复师B进行示范。

(3)康复师A对儿童发出指令“把苹果摘下来放进篮子里”。

●达标标准

步骤	儿童正确反应	达标标准
1	儿童把苹果摘下来,放进篮子里。	多次重复,儿童能够正确完成两步指令,连续3次及以上。

2.进阶训练:儿童能执行非连续性两步指令

●训练目标

当康复师发出两步指令后,儿童能够执行非连续性两步指令,如“把苹果摘下来,喂给熊猫吃”。

●训练步骤

(1)康复师A提前准备水果树模型,并将多个动物玩偶放在桌上。康复师A、康复师B和儿童面对水果树模型坐下。

(2)康复师A向康复师B发出指令“把苹果摘下来,喂给熊猫吃”,康复师B进行示范。

(3)康复师A对儿童发出指令“把苹果摘下来,喂给熊猫吃”。

●达标标准

步骤	儿童正确反应	达标标准
1	儿童把苹果摘下来,喂给熊猫吃。	多次重复,儿童能够正确完成两步指令,连续3次及以上。

第三节　嵌套式训练

一、小组训练：闯关大冒险

（一）训练目标

当他人发出两步指令后，儿童能够独立完成两步指令。

（二）工具箱

毛毛虫爬行隧道玩具、大象爬行隧道玩具、不同颜色的海洋球、儿童篮球架、篮子。

（三）训练基础

儿童能够理解并执行两步指令，具备一定的运动能力，如能够独立爬行、投球等。

（四）训练步骤

1. 康复师将两个隧道玩具并排摆放，然后在隧道的终点放置一个篮子，并在篮子里放置若干不同颜色的海洋球，在距离篮子一定距离处摆放一个儿童篮球架。

2. 康复师与儿童并排站，随后向儿童发出指令，如"先爬毛毛虫隧道，再把红色的海洋球投进篮球架"。

3. 等待儿童完成后，康复师进行回应，如"你闯关成功了！真棒！"。

4.根据儿童情况,重复以上步骤或增加活动难度,如增加爬行距离、变换海洋球颜色、增加投球距离等。

二、家居训练:整理小达人

(一)训练目标

家居环境下,当他人发出两步指令后,儿童能够独立完成两步指令。

(二)工具箱

积木、小汽车。

(三)训练基础

儿童能够理解并执行两步指令。

(四)训练步骤

1.家长与儿童一起玩玩具,如玩小汽车、搭积木。

2.结束后,家长拿出一个篮子,向儿童发出指令,如"先把小汽车放进篮子里,再把积木放进篮子里"。

3.儿童完成后,家长进行回应,如"收好了,真棒!"。

4.根据儿童实际情况增加难度,如增加玩具的种类、变换收纳的容器等。

第七章 反应式共同注意

反应式共同注意指儿童对他人发起的注视或手指指示做出回应，以分享对事或物的兴趣，它是共同注意的核心成分。在人际互动中，各种各样的信号都会触发儿童的反应式共同注意，包括语音和语言等听觉信息，身体动作等动觉信息，以及眼神表情等视觉信息。因此，对自闭症儿童的共同注意的干预需要整合更多的渠道。在第五章和第六章的干预基础上，自闭症儿童已经基本建立了与康复师良好的互动关系，也开始关注康复师发出的互动信息，这些都为自闭症儿童共同注意的发展打下了基础。在此基础之上，本章将继续就自闭症儿童的反应式共同注意进行训练，我们将分别从听觉、动觉、视觉和多通道整合等4个渠道对自闭症儿童的反应式共同注意进行干预。

此部分的干预方法为：(1)整合回合式教学法和关键反应训练来完成训练室中的高结构化—低自然情境化的个别训练；(2)整合回合式教学法和关键反应训练来完成训练室中的高结构化—低自然情境化的小组训练；(3)结合关键反应训练来完成嵌套式的小组训练和家居训练。

第一节　不同信息触发的反应式共同注意

一、听觉触发

(一)概述

听觉触发是用声音来引发儿童的不随意或有意注意,这些声音包括发声器、物品发出的声音,或康复师发出的语音和语言信息。语言信息包括儿童的名字,引发注意跟随的动词或动词短语(如“看……”“听……”“来……”等)。当这些声音信息发出后,儿童有注视、表情与姿势变化、模仿、跟随和发起等回应性反应中的一种或多种。

(二)声音触发

1.训练目标

(1)康复师给出鼓声信息后,儿童有不随意注意的反应,如注视、表情与姿势变化。

(2)康复师给出鼓声信息后,儿童出现有意注意的反应,如注视、表情与姿势变化、模仿、跟随和发起等回应性反应中的一种或多种。

(3)通过敲鼓活动,引导儿童在训练过程中有积极的情感体验。

2.主要内容

(1)初阶训练

在康复师发出鼓声信息后,引导儿童有注视或表情与姿势变化等反应,如注视康复师、看向鼓等。

(2)进阶训练

康复师发出鼓声信息后,引导儿童有模仿或跟随的反应性行为,如模仿康复师敲鼓。

3.工具箱

2个鼓。

4.训练基础

儿童能完成基础的回应能力训练,但反应式共同注意欠缺。

5.训练步骤

(1)初阶训练:儿童有注视或表情与姿势变化的回应

●训练目标

康复师发出鼓声信息后,儿童有不随意注意的反应,如看向鼓、注视康复师。

●训练步骤

A.康复师与儿童面对面坐,出示鼓并敲鼓发出鼓声。

B.康复师多次有节奏地敲击鼓后突然暂停,如“咚咚咚”—停—“咚咚咚”—停……

●达标标准

步骤	儿童正确反应	达标标准
1	儿童看向鼓。	多次重复,儿童能看向鼓。
2	儿童注视康复师,期待活动继续。	多次重复,儿童注视康复师的时间达3秒或以上。

(2)进阶训练:儿童有有意注意或模仿回应

●训练目标

康复师给出鼓声信息后,儿童出现有意注意的反应,如与康复师共同敲鼓或模仿康复师敲鼓。

●训练步骤

A.康复师出示鼓,并敲鼓。

B.康复师指示儿童将手放在鼓上,引导儿童模仿敲鼓。

C.拿出另一个鼓给儿童,康复师继续敲鼓,引导儿童模仿敲鼓。

●达标标准

步骤	儿童正确反应	达标标准
1	儿童与康复师共同敲鼓。	多次重复,儿童能够敲鼓,连续3次及以上。
2	儿童能够模仿康复师敲自己的鼓。	多次重复,儿童能够敲自己的鼓,连续3次及以上。

拓展训练

1.训练目标

康复师给出声音信息后,儿童能有随意注意的反应,如跟随康复师敲鼓。

2.训练基础

儿童已通过前面的初阶、进阶训练。

3.工具箱

2个鼓。

4.训练步骤

A.康复师拿出鼓,有节奏地敲鼓,如"咚咚咚"—停—"咚咚咚"—停……

B.康复师拿出另一个鼓给儿童,引导儿童跟随节奏敲鼓。

C.加入音乐,康复师引导儿童跟随音乐节奏敲鼓。

5.达标标准

步骤	儿童正确反应	达标标准
1	跟随康复师有节奏地敲鼓。	儿童跟随康复师的节奏敲鼓,连续3次及以上。
2	跟随音乐节奏敲鼓。	儿童跟随音乐节奏敲鼓,连续3次及以上。

(三)语音触发

1.训练目标

(1)在他人挠痒痒的活动中,给出"哈——"的语音信息后,儿童有不随意注意的反应,如注视、表情与姿势变化。

(2)在他人挠痒痒的活动中,给出"哈——"的语音信息后,儿童出现有意注意的反应,如注视、表情与姿势变化、跟随和发起等回应性反应中的一种或多种。

(3)在他人挠痒痒的活动中,结合手势给出"1——2——3——哈——"的语音信息变化后,儿童的回应性反应有所变化,如注视点变化、表情与姿势变化、跟随的行为有变化等。

(4)通过挠痒痒活动,引导儿童在训练过程中有积极的情感体验。

2. 主要内容

(1)初阶训练

通过康复师挠痒痒的活动,在康复师发出语音“哈——”后,触发儿童表现出注视、表情与姿势变化等反应,如注视康复师、笑、蜷缩身体等。

(2)进阶训练

引导儿童在康复师挠痒痒的活动中,根据康复师的语音信息变化,如“1——2——3——哈——”,做出相应的反应。

3. 工具箱

无。

4. 训练基础

儿童已完成声音触发的反应性注意训练。

5. 训练步骤

(1)初阶训练:儿童有注视或表情与姿势变化等回应

●训练目标

在挠痒痒活动中,康复师给出语音信息“哈——”后,儿童有注视康复师、表情与姿势变化等回应,如注视康复师、笑、蜷缩身体等。

●训练步骤

A. 康复师与儿童面对面坐。

B. 康复师说“我们来挠痒痒”,然后伸出双手食指放在嘴巴边,发出“哈——”,接着挠儿童痒痒。

C. 康复师逐渐放慢语音信息的速度,发出“哈——”。

●达标标准

步骤	儿童正确反应	达标标准
1	儿童有笑或蜷缩身体等回应。	儿童在活动中有愉快体验、表情与姿势变化等回应,连续3次及以上。
2	儿童注视康复师。	多次重复,儿童能够注视康复师,连续3次及以上。

(2)进阶训练:儿童的反应随语音信息的变化而改变

●训练目标

在挠痒痒活动中,当康复师结合手势发生语音信息变化时,如“1——2——3——哈——”,儿童的回应性反应有所变化,如跟随康复师的手指方向改变注视点,或根据康复师发出“1——2——3——哈——”的节奏做出相应的反应。

●训练步骤

A.康复师与儿童面对面坐。

B.康复师说“我们来挠痒痒”,边数数边伸出手指,然后数到“3”时,就发出“哈——”,并用手指挠儿童痒痒。

C.康复师可根据儿童能力,改变“1——2——3——哈——”的节奏。

●达标标准

步骤	儿童正确反应	达标标准
1	儿童在活动中跟随康复师的手指方向或语音节奏,改变注视点并出现表情与姿势变化。	儿童能够跟随康复师手指方向或语音节奏,改变注视点并出现表情与姿势变化,连续3次及以上。

（四）语言触发

1.训练目标

（1）康复师唤名后，儿童用眼神、动作等方式进行回应。

（2）康复师给出语言信息后，儿童出现有意注意的反应，如注视、表情与姿势变化、跟随和发起等回应性反应中的一种或多种。

2.主要内容

（1）初阶训练

引导儿童在活动中用眼神、动作等回应唤名，如看向康复师、走向康复师等。

（2）进阶训练

康复师发出语言信息“看”后，引导儿童进行反应性回应，如看向玩具、跟随康复师活动等。

3.工具箱

发条玩具（青蛙）。

4.训练基础

儿童已完成对语音反应的训练，并能听从简单指令。

5.训练步骤

（1）初阶训练：儿童有唤名反应

●训练目标

儿童在活动中用眼神、动作等回应唤名，如看向康复师、走向康复师等。

●训练步骤

A.康复师与儿童面对面坐，康复师唤儿童名字“××”，儿童出现反应后，康复师将玩具拿给儿童。

B.康复师与儿童保持一定距离，康复师唤儿童名字“××，来”，儿童过来后，康复师将玩具拿给儿童。

●达标标准

步骤	儿童正确反应	达标标准
1	儿童看向康复师。	多次重复，儿童能够看向康复师，连续3次及以上。
2	儿童走向康复师，并拿玩具。	多次重复，儿童能够注视康复师并走向康复师，连续3次及以上。

(2)进阶训练：儿童对语言信息做出有意注意的反应

●训练目标

康复师发出语言信息“看”后，儿童能进行反应性回应，如看向玩具、跟随康复师活动等。

●训练步骤

A.康复师与儿童面对面坐，在儿童自由玩耍时，康复师拿出发条玩具说“看，青蛙”，观察儿童的反应。

B.康复师拧动发条，将青蛙玩具放在地上跳，说“××，看，青蛙”。

●达标标准

步骤	儿童正确反应	达标标准
1	儿童看向青蛙。	多次重复，儿童能够根据康复师的语言信息注视青蛙，连续3次及以上。
2	儿童看向青蛙，并跟随康复师活动。	多次重复，儿童能够根据康复师的语言信息看向青蛙，并跟随康复师活动，连续3次及以上。

二、动觉触发

(一)概述

在康复师引导儿童的本体动觉改变时,儿童有回应性反应。其中本体动觉的改变包括:从静止到运动,从运动到静止,从一种速率或节奏的运动变为另一种速率或节奏的运动,由此儿童有注视、表情与姿势变化等回应性反应。

(二)训练目标

1.康复师引导儿童在“荡秋千”活动中改变本体动觉时,儿童有对自身动觉变化的回应性反应,如儿童露出惊讶、好奇等表情。

2.康复师引导儿童在“荡秋千”活动中改变本体动觉时,儿童有对他人的回应性反应,如注视他人、表情与姿势的改变等。

3.通过“荡秋千”活动,引导儿童在训练过程中有积极的情感体验。

(三)主要内容

1.初阶训练

引导儿童在“荡秋千”活动中,本体动觉从静止转变为摇晃时,露出惊讶、好奇等表情。

2.进阶训练

旨在引导儿童在“荡秋千”活动中,本体动觉从静止转变为摇晃,再转变为静止时,能够对康复师有回应性反应,如注视康复师等。

(四)工具箱

摇摇椅。

(五)训练基础

儿童有知觉反应,已经完成共同注意的先备能力训练。

(六)训练步骤

1.初阶训练:动觉状态改变时,儿童表情随之变化

(1)训练目标

康复师引导儿童在"荡秋千"活动中,本体动觉从静止转变为摇晃时,儿童露出兴奋、好奇、惊讶、期待等表情。

(2)训练步骤

A.康复师将儿童放在摇摇椅上,对儿童说:"我们来'荡秋千'吧!"

B.康复师摇动摇摇椅,并说"摇、摇、摇……",然后让儿童从静止到摇晃,观察儿童的反应。

(3)达标标准

步骤	儿童正确反应	达标标准
1	儿童露出兴奋、好奇、惊讶、期待等表情,或做出相应动作。	多次重复,儿童能出现明显的表情变化,连续3次及以上。

2.进阶训练:动觉状态改变时,儿童出现注视或表情与姿势变化等回应

(1)训练目标

康复师引导儿童在"荡秋千"活动中,本体动觉从静止转变为摇晃,再转变为静止时,儿童能够对康复师有回应性反应,如注视康复师等。

(2)训练步骤

A.康复师将儿童放在摇摇椅上,对儿童说:"我们来'荡秋千'吧!"

B.康复师摇动摇摇椅,并配合节奏说"摇、摇、摇……",让儿童从静止到摇晃,然后突然暂停,观察儿童的反应。

(3)达标标准

步骤	儿童正确反应	达标标准
1	儿童看向康复师,有表情与姿势变化等回应性反应。	多次重复,儿童出现回应性反应,连续3次及以上。

三、视觉触发

(一)概述

通过手部活动,引导儿童的注意跟随,或康复师用眼神促发儿童注意的回应性反应,包括康复师与儿童对视、儿童根据康复师的眼神线索做出注意跟随的反应。

(二)手势触发

1.训练目标

(1)康复师摇晃奥特蛋,引发儿童的注视和表情与姿势的变化。

(2)通过康复师滚动奥特蛋的手部活动,引发儿童的注视跟随。

(3)康复师通过操作奥特蛋和做出手势,儿童能注视跟随并完成相应任务。

2.主要内容

(1)初阶训练

康复师摇晃奥特蛋,引起儿童对康复师手部活动的注意。

(2)中阶训练

康复师滚动奥特蛋,引导儿童注视跟随康复师的手部活动。

(3)高阶训练

康复师通过操作奥特蛋和用手指示,引导儿童注视跟随康复师的手部活动并完成相应任务。

3.工具箱

奥特蛋或其他儿童感兴趣的物品。

4.训练基础

儿童已经具有回应能力,并能听从指令。

5.训练步骤

(1)初阶训练:儿童出现注视或表情与姿势的变化等反应

●训练目标

通过康复师摇晃奥特蛋的手部活动,儿童能够表现出注视或表情与姿势变化等回应性反应,如看向奥特蛋。

●训练步骤

A.康复师将奥特蛋放在桌下,与儿童面对面坐。

B.康复师从桌下拿出奥特蛋,摇晃奥特蛋,引起儿童的注意。

●达标标准

步骤	儿童正确反应	达标标准
1	儿童出现注视或表情与姿势变化。	多次重复,儿童出现回应性反应,连续3次及以上。

(2)中阶训练:儿童能注视跟随康复师的手部动作

●训练目标

康复师滚动奥特蛋,儿童能够注视跟随康复师的手部活动。

●训练步骤

A.康复师拿出奥特蛋,引起儿童的注意。

B.康复师在桌面上来回滚动奥特蛋,引导儿童的注意跟随。

●达标标准

步骤	儿童正确反应	达标标准
1	儿童注视奥特蛋。	多次重复，儿童能注视奥特蛋，连续3次及以上。
2	儿童跟随康复师的手部动作注视奥特蛋。	多次重复，儿童能跟随康复师的手部动作注视奥特蛋，连续3次及以上。

(3)高阶训练：儿童能注视跟随康复师的手部活动，并完成相应任务

●训练目标

康复师操作奥特蛋和用手指示，儿童注视跟随康复师的手部活动，并完成捡奥特蛋的任务。

●训练步骤

A.康复师拿出奥特蛋，引起儿童的注意。

B.将奥特蛋向任一方向滚出去，引发儿童的注视跟随。

C.康复师用手指向奥特蛋的方向，发出指令“捡起来”。

●达标标准

步骤	儿童正确反应	达标标准
1	儿童跟随康复师的手部动作看向奥特蛋的方向，并捡回奥特蛋。	多次重复，儿童出现正确反应，连续3次及以上。

拓展训练

1.训练目标

儿童能够注视康复师移动纸杯的手部动作，并找到对应的物品。

2.工具箱

2个不同颜色、大小的杯子,发光小球。

3.训练基础

儿童已经完成手势触发的训练。

4.训练步骤

(1)康复师与儿童面对面坐,然后拿出发光小球,说:“看,小球。”儿童注视后,康复师将小球拿给儿童玩10秒。

(2)康复师收回小球,然后再拿出2个杯子,说:“看,杯子。”

(3)康复师将小球放进一个杯子里,移动杯子,说:“找一找小球。”

5.达标标准

步骤	儿童正确反应	达标标准
1	儿童注视跟随康复师的手部动作,并寻找小球。	多次重复,儿童注视跟随康复师的手部动作,并寻找小球,连续3次及以上。

(三)眼神触发

1.训练目标

(1)康复师将物品放在与自己视线齐平的位置,儿童能与他人对视。

(2)儿童能跟随康复师的目光,共同注视同一方向或同一物品。

(3)康复师将物品放置在距离儿童稍远的地方,儿童能够根据康复师的眼神注视方向,完成注意跟随任务。

2.主要内容

(1)初阶训练

康复师拿出小汽车,将小汽车放在与自己视线齐平的位置,引导儿童与康复师对视。

(2)中阶训练

引导儿童跟随康复师的目光,共同注意小汽车。

(3)高阶训练

康复师将小汽车放在距离儿童稍远的地方,儿童根据康复师注视的方向寻找小汽车。

3.工具箱

小汽车(遥控小汽车)。

4.训练基础

儿童已经完成动觉触发、手势触发的训练。

5.训练步骤

(1)初阶训练:对视

●训练目标

康复师将小汽车放在与自己视线齐平的位置,儿童能够在活动过程中与康复师对视。

●训练步骤

A.康复师与儿童面对面坐。

B.康复师从桌下拿出小汽车,放置于与自己视线齐平的位置,引导儿童与康复师对视。

●达标标准

步骤	儿童正确反应	达标标准
1	儿童看向康复师。	多次重复，儿童能注视康复师，连续3次及以上。

(2)中阶训练：儿童能跟随目光，与康复师共同注意同一方向或物品

●训练目标

儿童能够跟随康复师的目光，与康复师共同注意小汽车。

●训练步骤

A.康复师与儿童面对面坐。

B.康复师看向小汽车，引导儿童注视跟随。

●达标标准

步骤	儿童正确反应	达标标准
1	儿童跟随康复师的目光方向，看向小汽车。	多次重复，儿童能跟随康复师的目光看向物品，连续3次及以上。

(3)高阶训练：儿童能跟随目光，寻找物品

●训练目标

儿童能够跟随康复师的注视方向，寻找远处的小汽车。

●训练步骤

A.康复师将小汽车放到稍远位置(1.5米)。

B.康复师说“××，小汽车在哪里?”，然后看向小汽车的方向，引导儿童注视跟随。

●达标标准

步骤	儿童正确反应	达标标准
1	儿童跟随康复师的目光方向，看向小汽车，并找到小汽车。	多次重复，儿童跟随康复师的目光找到物品，连续3次及以上。

注：在中、高阶训练中，必要时可以发动小汽车。

第二节　多通道触发

(一)概述

康复师利用视觉、听觉和动觉中的2种或2种以上信息,促发儿童注意的回应性反应,包括注视、表情与姿势变化、模仿、跟随等。多通道信息匹配,即所有信息所指向的注意目标一致;多通道信息不匹配,即各个信息所指向的注意目标不一致。

(二)训练目标

1. 在康复师给出的视觉与听觉等多通道信息匹配的情境下,儿童能够对目标物做出有效的回应性反应,如能正确找到目标。

2. 在康复师给出的视觉与听觉等多通道信息不匹配的情境下,儿童能够辨别目标物,对目标物做出正确和有效的回应性反应,如能正确找到目标。

(三)主要内容

1. 初阶训练

引导儿童在康复师给出的视觉与听觉等多通道信息匹配的情境下,在2个透明袋子中找到发光发声的小球。

2. 进阶训练

引导儿童在康复师给出的视觉与听觉等多通道信息不匹配的情境下,

在2个不透明袋子中找到发光发声的小球。

(四)工具箱

发光发声的小球、2个透明袋子、2个不透明袋子。

(五)训练基础

儿童已经完成听觉触发、动觉触发和视觉触发的训练。

(六)训练步骤

1.初阶训练:儿童能在多通道信息匹配的情境下,做出有效反应

(1)训练目标

在康复师给出透明袋子和发光发声的小球的多通道信息匹配的情境下,儿童能够找到小球。

(2)训练步骤

A.康复师与儿童面对面坐。

B.康复师拿出1个发光发声的小球,说“看,小球”;然后又拿出2个透明的袋子。

C.康复师将小球放进其中一个袋子里,并左右手来回换袋子,对儿童发出指令“找一找小球”。

(3)达标标准

步骤	儿童正确反应	达标标准
1	儿童找到小球所在的袋子。	多次重复,儿童能找到小球,连续3次及以上。

2. 进阶训练：儿童能在多通道信息不匹配的情境下，做出有效反应

（1）训练目标

康复师在给出不透明袋子和发光发声的小球的多通道信息不匹配的情境下，儿童能够找到小球。

（2）训练步骤

A. 康复师与儿童面对面坐。

B. 康复师拿出1个发光发声的小球，说“看，小球”；然后又拿出2个不透明的袋子。

C. 康复师将小球放进其中一个袋子里，并左右手来回换袋子，对儿童发出指令“××，找一找小球”。

（3）达标标准

步骤	儿童正确反应	达标标准
1	儿童找到小球所在的袋子。	多次重复，儿童能找到小球，连续3次及以上。

第三节　嵌套式训练

一、小组训练：水果切切乐

（一）训练目标

他人给出语言信息“看、切”后，儿童出现有意注意的反应，如注视、表情与姿势变化、跟随等回应性反应中的一种或多种。

（二）工具箱

切水果玩具、篮子1个。

（三）训练基础

儿童具备初步的模仿能力，能够听从简单的指令；具备一定的双手协作能力，如“切”。

（四）训练步骤

1.康复师与儿童面对面坐，随后拿出1个篮子和1套切水果玩具，如玩具苹果、香蕉和小刀。

2.康复师先拿出苹果，并同时表达“看”。儿童注视苹果后，康复师拿出小刀“切苹果”，并发出指令“切”，然后将“切”好的苹果放入一旁的篮子里进行示范。

3.康复师再拿出香蕉，并同时表达“看”。儿童注视香蕉后，康复师将小刀拿给儿童,并发出指令“切”。儿童“切”好后,康复师引导儿童将“切”好的香蕉放入一旁的篮子里。

4. 多次重复,直至儿童能够在康复师给出语言信息“看、切”后,出现有意注意的反应。

二、家居训练:小小观察员

(一)训练目标

家长给出语言信息“看”后,儿童出现有意注意的反应,如注视、表情与姿势变化、跟随等回应性反应中的一种或多种。

(二)工具箱

无。

(三)训练基础

儿童具备一定的物品认知能力和语言理解能力。

(四)训练步骤

1. 家长与儿童并排坐在沙发上,家长拿出一个发声发光的玩具,并发出指令,如“看,小汽车”。

2. 儿童注视后,家长将小汽车的开关打开,并放在地上,观察儿童的反应,如儿童的目光跟随汽车移动,或将玩具捡起来拿给家长,要求继续玩。

3. 多次重复,直至儿童能够在家长给出语言信息“看”后出现有意注意的反应。

4. 根据儿童的能力,家长逐步增加活动的难度,如根据家长发出的语言信息看不同的物品、不同距离下的物品(如窗外的事物)。

第八章　发起式共同注意

发起式共同注意是指儿童主动引发他人对其感兴趣的物体的注意。相比反应式共同注意,发起式共同注意要求儿童能更多地、自发地加入人际互动中。也就是说,儿童要有意愿、有动机来发起和他人的互动。对自闭症儿童来说,在他们有表达的需求时往往会有发起式共同注意的行为,而利用自闭症儿童的需求来诱发和干预他们的发起式共同注意行为也是常见的策略。通过前面几章的训练,康复师已经和自闭症儿童建立了良好的互动关系,也对儿童有了更多的了解。因此,在此部分康复师可以根据儿童的需求和兴趣特点,激发他们主动进行社交互动的意愿,并以此为契机引导他们的发起式共同注意。

自闭症儿童发起式共同注意训练的主要目标是在需求动机的激发下,自闭症儿童能通过语音、语言、手势以及眼神来完成发起式共同注意行为。本部分训练目标的完成可以使自闭症儿童获得基础的发起式共同注意能力。其他更复杂的发起式共同注意的训练,我们将在后续几章详细介绍。

与前几章相似,本章的干预方法为:(1)整合回合式教学法和关键反应训练来完成训练室中的高结构化—低自然情境化的个别训练;(2)整合回合式教学法和关键反应训练来完成训练室中的高结构化—低自然情境化的小组训练;(3)结合关键反应训练来完成嵌套式的小组训练和家居训练。

第一节 手势触发

一、操作性定义

为获取某需要物或达成某事件，儿童能通过简单的手势表达需求。

二、训练目标

康复师示范鳄鱼玩具玩法后，为获取鳄鱼玩具，儿童能通过手势信息“指”表达需求。

三、主要内容

（一）初阶训练

当康复师示范鳄鱼玩具玩法后，儿童在辅助下通过用手挥向或手指指向鳄鱼玩具的手势信息来表达玩玩具的需求。

（二）进阶训练

当康复师示范鳄鱼玩具玩法后，引导儿童主动通过“指”的手势信息来表达玩玩具的需求。

四、工具箱

鳄鱼玩具、视频《牙痛的鳄鱼》。

五、训练基础

儿童具有一定的理解能力，但无主动词语表达。

六、训练步骤

（一）初阶训练：在辅助下，儿童通过手势表达需求

1.训练目标

当康复师示范鳄鱼玩具的玩法后，儿童在辅助下通过用手挥向或手指指向鳄鱼玩具的手势信息来表达玩玩具的需求。

2.训练步骤

（1）康复师A与儿童面对面坐，康复师B与儿童并排坐，康复师A播放视频《牙痛的鳄鱼》的第一部分，让儿童熟悉动画。

（2）康复师A再次播放视频的第一部分，向儿童解释动画内容，如“老师按下了鳄鱼的牙齿，鳄鱼的嘴巴闭上了，牙齿不见了。小明也想玩鳄鱼，他用手指指向玩具，然后老师把玩具给了小明”。

（3）康复师A拿出鳄鱼玩具，并说“我们也来玩鳄鱼玩具吧”，然后随机按下“牙齿”，等到鳄鱼玩具“咬”到手的时候，康复师A表情夸张并大叫“啊——”。

（4）康复师A将玩具放在就近的桌子上，并问儿童“你要玩吗？指一指”，然后康复师B握住儿童的手，辅助儿童指向鳄鱼玩具，最后康复师A将玩具拿给儿童。

3.达标标准

步骤	儿童正确反应	达标标准
1	儿童看向鳄鱼玩具,在辅助下用手指指向鳄鱼玩具。	儿童在辅助下能够用手指指向鳄鱼玩具,连续3次及以上。

(二)进阶训练:通过手势信息表达需求

1.训练目标

当康复师示范鳄鱼玩具的玩法后,儿童通过用手挥向或手指指向鳄鱼玩具的手势信息来表达玩玩具的需求。

2.训练步骤

(1)康复师A与儿童面对面坐,康复师B与儿童并排坐。康复师A播放视频《牙痛的鳄鱼》的第二部分,让儿童观看。

(2)康复师A再次播放视频的第二部分,向儿童解释动画,如"老师将鳄鱼玩具放在了柜子上,小明想玩,然后他用手指指向鳄鱼玩具,老师把玩具拿给了小明"。

(3)康复师拿出鳄鱼玩具对儿童说"你也来玩一下鳄鱼玩具吧",然后将鳄鱼玩具拿给儿童玩一会儿。

(4)康复师收回玩具,然后将鳄鱼玩具放在儿童够不到的地方,并问儿童"你要玩吗?",康复师引导儿童用手指指向鳄鱼玩具。

3.达标标准

步骤	儿童正确反应	达标标准
1	儿童用手指指向鳄鱼玩具。	在引导下儿童用手指指向鳄鱼玩具,连续3次及以上。

拓展训练

1. 训练目标

儿童能够通过手势信息“指”来选择自己喜欢的物品。

2. 训练基础

儿童已通过手势触发的初阶、进阶训练。

3. 工具箱

鳄鱼玩具、小汽车。

4. 训练步骤

康复师坐在距离儿童1米左右的位置，拿出小汽车和鳄鱼玩具，问：“你要玩什么？”当儿童指向某一玩具时，康复师回应“哦，你要××”，并将玩具递给儿童。

●达标标准

步骤	儿童正确反应	达标标准
1	儿童用手指指向自己想要的物品。	儿童能够明确用手指指向自己想要的物品，连续3次及以上。

●注意事项

A. 玩具的选择，从少到多，逐渐增加难度。

B. 应既有儿童非常喜欢的玩具，也有儿童不喜欢的玩具，不同的玩具放在一起。

第二节　语音或语言—手势触发

一、语音—手势触发

(一)操作性定义

为获取某需要物或达成某事件,儿童能通过语音信息并配合简单的手势表达需求。

(二)训练目标

在"泡泡飞起来"动画活动中,儿童为获取泡泡时,能够通过发"a、hu"等语音,并配以简单的手势"指、拿、抓"等来表达需求。

(三)主要内容

1.初阶训练

儿童为获取泡泡时,康复师引导儿童在辅助下发"hu——"等语音,并配以简单的手势(指、拿、抓)来表达要求小熊继续吹泡泡的需求。

2.进阶训练

儿童为了让泡泡飘动时,康复师引导儿童主动发"a——"等语音,并配以简单的手势(指、拿、抓)来表达让泡泡继续飘动的需求。

(四)工具箱

动画训练系统、泡泡水。

(五)训练基础

儿童有简单的发音能力,已具有手势发起能力。

(六)训练步骤

1.初阶训练:儿童在辅助下通过发语音并配以手势表达需求

(1)训练目标

儿童为获取泡泡时,能够在辅助下通过发语音“hu——”,并配以简单的手势(指、拿、抓)来表达要求小熊继续吹泡泡的需求。

(2)训练步骤

A.康复师演示动画《泡泡飞起来》,激发儿童参与动画游戏的兴趣。

B.康复师播放动画,并说“我们让泡泡飞起来”,然后发语音“hu——”并配以简单的手势。同时,康复师操控动画。

C.当小熊吹出泡泡后康复师暂停动作并看向儿童,问“你要吗?”,辅助儿童用手势(指、拿、抓)来表达“要泡泡”的需求,并配以发音“hu——”(吹泡泡的口型发音)。

D.康复师回应“哦,你要泡泡”,随即康复师操控动画。

(3)达标标准

步骤	儿童正确反应	达标标准
1	在康复师的辅助下,儿童用手势表达“要泡泡”的需求并配以发音“hu——”。	多次重复,儿童能够在辅助下用手势表达需求并辅以发音,连续3次及以上。

2.进阶训练:通过发语音并配以手势表达需求

(1)训练目标

儿童能够通过主动发“ɑ——”等语音并配以简单的手势(指、拿、抓)来表达让泡泡继续飘动的需求。

(2)训练步骤

A.康复师演示动画《泡泡飞起来》。

B.康复师停止操作,问儿童“你要玩吗?”,儿童指向动画后,康复师引导儿童同时发音“a——”,康复师随即回应“哦,你要玩泡泡”,然后点击小熊,让泡泡飘动。

C.康复师停止操作,再次问儿童“你还要再玩吗?”,儿童指向动画并发音“a——”后,康复师随即点击小熊,让泡泡飘动。

(3)达标标准

步骤	儿童正确反应	达标标准
1	儿童用手指指向动画,并发音“a——”。	儿童能够用手指指向动画并配以发音“a——”,连续3次及以上。

二、语言—手势触发

(一)操作性定义

为获取某需要物或事件,儿童能通过简单的语言信息并配合手势表达需求。

(二)训练目标

为了坐旋转椅子,儿童能通过语言信息“飞船”并配以手势信息“指”来表达需求。

(三)主要内容

1.初阶训练

儿童为了坐旋转椅子,康复师引导儿童在辅助下表达“飞船”等语言信息并配以简单的手势(指)来表达需求。

2.进阶训练

儿童为了坐旋转椅子,康复师引导儿童主动表达“飞船”等语言信息并配以简单的手势(指)来表达需求。

(四)工具箱

动画训练系统、旋转椅子。

(五)训练基础

儿童有仿说能力,能够表达简单的词语;已完成手势触发和语音—手势触发能力训练。

(六)训练步骤

1.初阶训练:儿童在辅助下通过语言并配以手势发起活动

(1)训练目标

儿童能够在辅助下通过简单的语言“飞船”并配以手势信息“指”来表达需求。

(2)训练步骤

A.康复师播放动画《小明坐飞船》,让儿童熟悉动画。

B.康复师再次播放动画,向儿童解释动画,如“熊猫圆圆老师坐在‘飞船’上好好玩啊,小明也想坐飞船,他就用手指指向飞船,然后说‘飞船’,熊猫圆圆老师就让小明坐在‘飞船’上面了”。

C.康复师推出旋转椅子，对儿童说“我们也来坐‘飞船’吧”，然后坐在旋转椅子上转圈，并使用夸张的语言或表情表达“哇，‘飞船’真好玩”。

D.康复师问儿童“你要玩吗?”，儿童通过手势指向“飞船”表达需求(已通过手势发起训练)，然后康复师引导儿童表达“飞船”。

E.康复师将儿童抱上旋转椅子旋转。

(3)达标标准

步骤	儿童正确反应	达标标准
1	儿童用手指指向旋转椅子，并在辅助下表达“飞船”。	多次重复，儿童能够在辅助下用手指指向旋转椅子并表达“飞船”，连续3次及以上。

2.进阶训练:儿童通过语言并配以手势发起活动

(1)训练目标

儿童能够通过简单的主动词语并配以手势信息“指”表达自己的需求。

(2)训练步骤

A.康复师播放动画《小明坐飞船》，让儿童熟悉动画。

B.康复师推出旋转椅子，坐在旋转椅子上转圈，并使用夸张的语言或表情表达“飞船真好玩”。

C.康复师暂停游戏，等待儿童发起活动。当儿童指向旋转椅子并表达“飞船”时，康复师回应“哦，你要玩飞船”，然后将儿童抱上旋转椅子旋转。

(3)达标标准

步骤	儿童正确反应	达标标准
1	儿童能够指向旋转椅子，并表达“飞船”。	儿童能够指向旋转椅子并表达“飞船”，连续3次及以上。

第三节　语音或语言—手势配以注视的触发

一、语音—手势配以注视的触发

(一)操作性定义

儿童在获取语音—手势触发共同注意能力的基础之上,能在获取某需要物或达成某事件时给予注视。

(二)训练目标

儿童能通过简单的语音信息并配以"指、拍"等手势信息来表达让跳舞鸡玩具跳舞的需求,同时给予注视。

(三)主要内容

1. 初阶训练

引导儿童在辅助下通过简单的语音和手势"指"并配以注视来表达让跳舞鸡玩具继续跳舞的需求。

2. 进阶训练

旨在让儿童主动通过简单的语音和手势"指"并配以注视来表达让跳舞鸡玩具继续跳舞的需求。

(四)工具箱

跳舞鸡玩具。

(五)训练基础

儿童已完成手势触发、语音或语言—手势触发能力训练。

(六)训练步骤

1.初阶训练:儿童能在辅助下通过语音、手势并配以注视表达需求

(1)训练目标

儿童能够在辅助下通过简单的语音如“嘿”、手势“指”并配以注视来表达让跳舞鸡玩具继续跳舞的需求。

(2)训练步骤

A.康复师拿出跳舞鸡玩具向儿童展示:“你看,跳舞鸡。”

B.康复师手指跳舞鸡并发出“嘿”,同时启动跳舞鸡,跳舞鸡开始跳动、唱歌和发光。

C.康复师问:“你要玩吗? 指一指。”在辅助下,儿童看向并指向跳舞鸡,康复师引导儿童发音“嘿”,同时启动跳舞鸡。

(3)达标标准

步骤	儿童正确反应	达标标准
1	儿童看向并指向跳舞鸡,能在辅助下发音。	多次重复,儿童能够看向并指向跳舞鸡,能在辅助下发音,连续3次及以上。

2.进阶训练:儿童能主动通过语音、手势配以注视表达需求

(1)训练目标

儿童能够主动通过简单的语音如“嘿”、手势“指”并配以注视来表达让跳舞鸡玩具继续跳舞的需求。

(2)训练步骤

A.康复师拿出跳舞鸡玩具向儿童展示:“你看,跳舞鸡。”

B.康复师手指跳舞鸡并发出“嘿”,同时启动跳舞鸡,跳舞鸡开始跳动、唱歌和发光。

C.跳舞鸡停止跳动,康复师问儿童“你想玩吗?”,引导儿童看向并指向跳舞鸡,发音“嘿”,等待儿童注视康复师后再启动跳舞鸡。

(3)达标标准

步骤	儿童正确反应	达标标准
1	儿童看向并指向跳舞鸡,发音“嘿”,然后注视康复师,要求启动跳舞鸡。	多次重复,儿童能够看向并指向跳舞鸡,发音“嘿”,然后注视康复师,要求启动跳舞鸡,连续3次及以上。

二、语言—手势配以注视的触发

(一)操作性定义

在获取语言—手势触发共同注意能力的基础之上,儿童能在获取某需要物或达成某事件时给予注视。

(二)训练目标

儿童能通过简单的“抱”等语言信息并配以张开双手等手势信息来表达拿气球的需求,同时给予注视。

(三)主要内容

1.初阶训练

引导儿童在康复师的辅助下通过语言“抱”、张开双手等手势并配以注视来表达要气球的需求。

2.进阶训练

引导儿童主动通过语言“抱”、张开双手等手势并配以注视来表达要气球的需求。

(四)工具箱

发光氢气球、贴纸(动物、数字)、贴纸板。

(五)训练基础

儿童已经完成反应式共同注意训练,以及发起式共同注意前面部分的训练。

(六)训练步骤

1.初阶训练:儿童能在辅助下通过语言、手势并配以注视表达需求

(1)训练目标

儿童在康复师的辅助下能够通过简单的语言“抱”、张开双手等手势并配以注视来表达要气球的需求。

(2)训练步骤

A.康复师拿出发光氢气球,说“你看,气球”,然后将气球放飞到房顶(儿童拿不到的高度)。

B.康复师等待,当儿童表现出想要时,康复师蹲下身体,辅助儿童张开双手，做拥抱状，看向康复师并表达“抱”。

C.康复师抱起儿童，拿到气球。

(3)达标标准

步骤	儿童正确反应	达标标准
1	儿童在辅助下看向康复师，张开双手，做拥抱状，并表达“抱”。	多次重复，儿童能够在辅助下看向康复师，张开双手并表达“抱”，连续3次及以上。

2.进阶训练：儿童能主动通过语言、手势并配以注视表达需求

(1)训练目标

儿童能够主动通过简单的语言“抱”、张开双手等手势并配以注视来表达需求。

(2)训练步骤

A.康复师拿出贴着5个不同动物贴纸的发光氢气球对儿童说“你看，气球，上面还有好多小动物”，然后将气球放飞到房顶(儿童拿不到的高度)。

B.康复师等待，当儿童注视康复师，张开双手并表达“抱”时，康复师抱起儿童，拿到气球。

C.儿童取下气球上的一张贴纸，贴在贴纸板上。

D.康复师继续放飞气球，等待儿童发起活动，直至贴纸板上贴完5个贴纸。

(3)达标标准

步骤	儿童正确反应	达标标准
1	儿童注视康复师，张开双手，做拥抱状，并表达“抱”。	儿童能够注视康复师，张开双手并表达“抱”，连续3次及以上。

第四节　嵌套式训练

一、小组训练：佩奇爬楼梯

（一）训练目标

儿童能够主动通过简单的词语“佩奇”并配以手势信息“指”表达自己的需求。

（二）工具箱

佩奇爬楼梯玩具。

（三）训练基础

儿童具备一定的颜色概念，能够命名常见的物品。

（四）训练步骤

1.康复师与儿童面对面坐，拿出楼梯玩具和1个红色的佩奇玩具。康复师拿出红色的佩奇，用手指佩奇并同时表达“佩奇”。

2.康复师打开楼梯玩具的按钮，将红色的佩奇放在楼梯上，引导儿童关注在爬楼梯的佩奇。

3.等待佩奇“爬”完后，康复师关闭按钮，并将佩奇放在儿童易看见但拿不到的地方，如柜子上面。

4.等待儿童通过表达“佩奇”并配以手势信息“指”表达需求后，康复师再将佩奇拿下来给儿童,并打开楼梯的按钮,等待儿童自己将佩奇放置在楼梯上。

5. 多次重复步骤 3 和 4 后,康复师准备不同颜色的2~3个佩奇玩具,并同时向儿童呈现。等待儿童通过表达“佩奇”并配以手势信息“指”表达需求后,康复师发出指令,如“拿绿色的佩奇”,然后观察儿童的反应。儿童正确拿取后,康复师再回应儿童,如继续玩玩具。

二、家居训练:好吃的饼干

(一)训练目标

儿童能够主动通过简单的词语“饼干”并配以手势信息“指”表达自己的需求。

(二)工具箱

饼干。

(三)训练基础

儿童能够命名常见的物品。

(四)训练步骤

1. 家长准备一盒儿童喜欢吃的饼干,拆开包装拿出一小块饼干给儿童吃。

2. 儿童吃完后,家长将打开的饼干放在高处或上锁的地方,如柜子上、柜子里。

3.等待儿童通过表达“饼干”并配以手势信息“指”表达需求后，家长再拿饼干给儿童吃。

4.多次重复以上步骤。

第九章　建立主动分享意识

建立主动分享意识是指儿童能对看到的物品或事件进行发起式共同注意的分享,包括:(1)以手势—语音的方式分享自己看到的物品和事件;(2)以手势—语言的方式分享自己看到的物品和事件。前者是指自闭症儿童在看到自己感兴趣的物品和事件时,能够主动地用手指示该物品并配以语音信息,以此引起他人对该物品和事件的兴趣。后者则是指儿童在看到自己感兴趣的物品和事件时,能够主动地用手指示该物品并配以语言信息,以此引起他人对该物品和事件的兴趣。

建立主动分享意识是发起式共同注意中更高层次的复杂行为,与第八章中的在需求激发下的发起式共同注意行为相比,它由儿童更高级的社交动机引发,儿童应具有较好的发展能力水平。对功能较高的自闭症儿童可以尝试介入这一能力的干预;对功能较低的自闭症儿童则可以先进行基础的发起式共同注意干预,待他们能力提高后再介入此部分的干预。

在干预方法方面,本章除了继续使用回合式教学法和关键反应训练这两种方法,还增加了动画训练方法,以提高儿童学习建立主动分享意识的成效。

第一节　手势—语音的主动式分享

一、操作性定义

儿童在看到自己感兴趣的物品或事件时，能够主动地用手指示该物品并配以语音信息，以此引起他人对该物品或事件的兴趣。

二、训练目标

通过“观看动画—康复师辅助—儿童发起分享”的方式，儿童能在看到新奇（引起儿童兴趣）的物品或事件时，用“手势—语音”的方式分享他们所看到的物品或事件。

三、主要内容

1.初阶训练

通过演示动画，让儿童熟悉动画的内容，理解用语音信息并配以手指的方式分享自己的兴趣。

2.中阶训练

在嵌板活动中，儿童在康复师辅助下能用语音信息并配以手指的方式分享自己的兴趣并引起他人对嵌板的关注。

3.高阶训练

在嵌板活动中，康复师引导儿童主动用语音信息并配以手指的方式分享自己的兴趣并引起他人对嵌板的关注。

四、工具箱

动物发声嵌板、动画《小明放嵌板》。

五、训练基础

儿童具有一定的社交沟通能力，能够通过手势—语音表达需求。

六、训练步骤

(一)初阶训练：儿童能理解和熟悉动画内容

1.训练目标

通过观看动画，儿童能够熟悉和理解用语音信息如“啊啊”，并配以手指的方式分享自己的兴趣。

2.训练步骤

(1)播放动画《小明放嵌板》，让儿童熟悉动画内容。

(2)康复师再次播放动画，然后向儿童解释动画内容，引导儿童理解动画，如“小明在做什么呀？小明把小鸡放进去了，他好开心啊；然后他用手指着小鸡给熊猫圆圆老师看，熊猫圆圆老师看见也很开心”。

3.达标标准

步骤	儿童正确反应	达标标准
1	儿童安坐，观看动画，并在引导下熟悉和理解动画内容。	多次重复，儿童能够熟悉和理解动画内容，连续3次及以上。

（二）中阶训练：儿童在辅助下通过手势—语音信息分享自己所看到的物品

1.训练目标

在嵌板活动中，儿童在康复师的辅助下，能用语音信息如"啊啊"，并配以手指的方式分享自己的兴趣并引起他人对嵌板的关注。

2.训练步骤

(1)康复师A与儿童并排坐，将动物发声嵌板拿给儿童玩。当儿童将动物模型放进嵌板，玩具发出声音。

(2)康复师A假装在一旁看书，当儿童将动物模型放进嵌板中时，康复师A不做回应。

(3)康复师B辅助儿童拉康复师A并用手指向动物嵌板，或同时使用语音"啊啊"向康复师A分享兴趣。

3.达标标准

步骤	儿童正确反应	达标标准
1	儿童在辅助下拉康复师并用手指，或同时使用语音"啊啊"向康复师分享兴趣。	多次重复，儿童在辅助下拉康复师并用手指，或同时使用语音"啊啊"向康复师分享兴趣，连续3次及以上。

（三）高阶训练：儿童主动通过手势—语音信息分享自己所看到的物品

1.训练目标

在嵌板活动中，儿童能主动用语音信息如"啊啊"，并配以手指的方式分享自己的兴趣并引起他人对嵌板的关注。

2.训练步骤

(1)康复师A与儿童并排坐,将动物发声嵌板拿给儿童玩。当儿童将动物模型放进嵌板时,玩具发出声音。

(2)康复师A假装在一旁看书,当儿童将动物模型放进嵌板时,康复师A不做回应。

(3)儿童主动拉康复师A并用手指向动物嵌板,或同时使用语音"啊啊"向康复师A分享兴趣。

3.达标标准

步骤	儿童正确反应	达标标准
1	儿童主动拉康复师并用手指向动物嵌板,或同时使用语音"啊啊"向康复师分享兴趣。	多次重复,儿童主动拉康复师并用手指向动物嵌板,或同时使用语音"啊啊"向康复师分享兴趣,连续3次及以上。

第二节　手势—语言的主动式分享

一、操作性定义

儿童在看到自己感兴趣的物品和事件时，能够主动地用手指示该物品并配以语言信息，以此引起他人对该物品或事件的兴趣。其中语言信息包括3个部分：动词（如“看”“你看”“玩”等事件中关键的动作信息）、名词（物品的名称和事件中关键物品的名称）、代词（如“这里”“那里”）。这些信息可以单独使用，也可以混合使用。

二、训练目标

1. 儿童在看到自己感兴趣的物品或事件时，能够主动地用手指示该物品或事件并配以相应的名词、动词、代词，以此引起他人对该物品或事件的兴趣。

2. 儿童在看到自己感兴趣的物品和事件时，能够主动地用手指示该物品或事件并配以相应的动词+名词，以此引起他人对该物品或事件的兴趣。

3. 儿童在看到自己感兴趣的物品和事件时，能够主动地用手指示该物品或事件并配以相应的动词+代词，以此引起他人对该物品或事件的兴趣。

4. 儿童在看到自己感兴趣的物品和事件时，能够主动地用手指示该物品或事件并配以相应的代词+名词，以此引起他人对该物品或事件的兴趣。

三、名词

(一)训练目标

儿童在看到自己感兴趣的物品或事件时,能够主动地用手指示该物品或事件并配以相应的名词,以此引起他人对该物品或事件的兴趣。

(二)主要内容

1.初阶训练

儿童能够在辅助下用手指示目标并配以相应的名词,以此引起他人对目标的兴趣。

2.进阶训练

旨在引导儿童主动用手指示目标并配以相应的名词,以此引起他人对目标的兴趣。

(三)工具箱

电动下蛋鸡。

(四)训练基础

儿童具有一定的语言能力,能够使用手势—语言表达需求。

(五)训练步骤

1.初阶训练:儿童能在辅助下使用手势—名词分享兴趣

(1)训练目标

儿童能够在辅助下用手指示电动下蛋鸡并配以相应的名词如“蛋蛋”或

“鸡蛋”,以此引起他人对电动下蛋鸡的兴趣。

(2)训练步骤

A.康复师A与儿童面对面坐,康复师B与儿童并排坐。

B.康复师B打开下蛋鸡的按钮,当下蛋鸡开始下蛋后,康复师B指向鸡蛋,并对康复师A说“鸡蛋”。康复师A回应康复师B,如“哇,小鸡下蛋了”。

C.康复师B辅助儿童打开下蛋鸡的按钮,当下蛋鸡开始下蛋后,辅助儿童指向或捡起鸡蛋,并对康复师A说“鸡蛋”。康复师A回应儿童,如“哇,小鸡下蛋了”。

(3)达标标准

步骤	儿童正确反应	达标标准
1	儿童在辅助下用手指向鸡蛋,并向康复师表达“鸡蛋”以分享兴趣。	多次重复,儿童能够在辅助下用手指向鸡蛋,并向康复师表达“鸡蛋”以分享兴趣,连续3次及以上。

2.进阶训练:儿童能主动使用手势—名词分享兴趣

(1)训练目标

儿童能够主动用手指示电动下蛋鸡并配以相应的名词如“鸡蛋”或“蛋蛋”,以此引起他人对电动下蛋鸡的兴趣。

(2)训练步骤

A.康复师与儿童面对面坐,在下蛋鸡里装上一个鸡蛋,然后将下蛋鸡拿给儿童玩。

B.儿童打开下蛋鸡的按钮,下蛋鸡开始下蛋后,康复师等待并观察儿童的反应。

C.儿童指向或捡起鸡蛋,并对康复师说:“鸡蛋。”康复师回应儿童,如“哇,小鸡下蛋了”。

(3)达标标准

步骤	儿童正确反应	达标标准
1	儿童主动用手指向鸡蛋,并向康复师表达"鸡蛋"以分享兴趣。	多次重复,儿童能够主动用手指向鸡蛋,并向康复师表达"鸡蛋"以分享兴趣,连续3次及以上。

四、动词

(一)训练目标

当儿童看到鱼缸里的鱼时,能够主动地用手指示鱼缸并配以相应的动词如"看",以此来引起他人对鱼的注意。

(二)主要内容

1.初阶训练

儿童观看并熟悉动画,了解使用手势并配以动词与他人分享兴趣的方法。

2.中阶训练

在儿童看到鱼缸里的鱼时,能够在康复师的辅助下使用动词"看"并配以手势"指"的方式与他人分享。

3.高阶训练

在儿童看到鱼缸里的鱼时,能够使用动词"看"并配以手势"指"的方式主动与他人进行分享。

（三）工具箱

电动摇摆鱼、动画训练系统。

（四）训练基础

儿童具有一定的语言能力，能够使用手势—语言表达需求。

（五）训练步骤

1.初阶训练：儿童熟悉动画

（1）训练目标

熟悉动画内容，让儿童了解使用手势并配以动词与他人分享兴趣的方法。

（2）训练步骤

A.康复师播放动画《欢乐水族箱》，引导儿童了解如何使用手势并配以动词与他人分享兴趣的方法。

B.在播放动画时，要向儿童解释动画内容，可以用“小明看到了什么？他想要老师看，他是怎么做的呢？”等句式。

（3）达标标准

步骤	儿童正确反应	达标标准
1	儿童观看动画，并理解动画内容。	儿童理解动画内容，并能回答问题。

2.中阶训练：儿童能在辅助下通过手势—动词进行分享

（1）训练目标

儿童在看到鱼缸里的鱼时，能够在康复师的辅助下使用动词“看”并配以手势“指”的方式与他人进行分享。

(2)训练步骤

A.提前打开鱼缸的开关,然后康复师A与儿童一起走进训练室。

B.儿童看见鱼缸后,康复师A提示儿童告诉康复师B,辅助儿童用手指向鱼缸,并引导儿童对着康复师B说“看”。

C.康复师B等待儿童分享兴趣后,转头看向鱼缸并回应儿童,如“哇,好多鱼啊”。

(3)达标标准

步骤	儿童正确反应	达标标准
1	儿童在辅助下指向鱼缸并说“看”,与康复师分享兴趣。	儿童能够在辅助下指向鱼缸并说“看”,与康复师分享兴趣,连续3次及以上。

3.高阶训练:儿童能主动通过手势—动词进行分享

(1)训练目标

儿童在看到鱼缸里的鱼时,能够主动使用动词“看”并配以手势“指”的方式与他人进行分享。

(2)训练步骤

A.提前打开鱼缸的开关,然后康复师A与儿童一起走进训练室。

B.儿童看见鱼缸后,康复师A提示儿童告诉康复师B,儿童主动用手指向鱼缸,并对着康复师B说“看”。

(3)达标标准

步骤	儿童正确反应	达标标准
1	儿童主动用手指向鱼缸,并说“看”,与康复师分享兴趣。	儿童能够主动用手指向鱼缸,并说“看”,与康复师分享兴趣,连续3次及以上。

五、代词

(一)训练目标

儿童在看到自己感兴趣的物品时,能够主动地用手指示该物品并配以相应的代词,以此引起他人的注意。

(二)主要内容

1.初阶训练

儿童能够在辅助下用手指示“老鼠”并配以相应的代词“这里”,以此引起康复师对“老鼠”的注意。

2.进阶训练

引导儿童主动用手指示“老鼠”并配以相应的代词“这里”,以此引起康复师对“老鼠”的注意。

(三)工具箱

芝士大作战玩具。

(四)训练基础

儿童已经完成前面部分的训练内容,能够使用手势—语言表达需求。

(五)训练步骤

1.初阶训练:儿童能在辅助下使用手势—代词进行分享

(1)训练目标

儿童能够在辅助下用手指示“老鼠”并配以相应的代词“这里”,以此引起康复师对消失的“老鼠”的注意。

(2)训练步骤

A.康复师与儿童面对面坐。

B.康复师将玩具放置于两人之间,然后将玩具老鼠放入芝士上面的小洞。

C.老鼠从小洞随机掉落到下面的圆盘上后,康复师说:“老鼠不见了,它在哪里呢?”康复师拉起儿童的手,辅助儿童指向或举起老鼠,并引导儿童表达“这里”。然后康复师回应儿童,如夸奖儿童“你找到老鼠啦,太棒了!”。

(3)达标标准

步骤	儿童正确反应	达标标准
1	儿童在辅助下用手指向或举起老鼠,并向康复师表达“这里”。	多次重复,儿童能够在辅助下用手指向或举起老鼠,并向康复师表达“这里”以引起注意,连续3次及以上。

2.进阶训练:儿童能主动使用手势—代词进行分享

(1)训练目标

儿童能够主动用手指示“老鼠”并配以相应的代词“这里”,以此引起康复师对消失的“老鼠”的注意。

(2)训练步骤

A.康复师与儿童面对面坐。

B.康复师将玩具放置于两人之间,然后将玩具老鼠放入芝士上面的小洞。

C.老鼠从小洞随机掉落到下面的圆盘上后,康复师说:“老鼠不见了,它在哪里呢?”儿童主动用手指向老鼠,并表达“这里”。然后康复师回应儿童,如夸奖儿童“你找到老鼠啦,太棒了!”。

(3)达标标准

步骤	儿童正确反应	达标标准
1	儿童主动用手指向老鼠,并表达"这里"以引起注意。	多次重复,儿童主动用手指向老鼠,并表达"这里"以引起注意,连续3次及以上。

六、动词+名词

(一)训练目标

儿童在看到自己感兴趣的物品时,能够主动用手指示该物品并配以相应的动词与名词,以此引起他人对该物品的兴趣。

(二)主要内容

1.初阶训练

当儿童看到发条玩具往前跳时,能够在辅助下用手指示玩具并配以相应的动词与名词"看××",以此引起康复师对发条玩具的注意和兴趣。

2.进阶训练

旨在当儿童看到发条玩具往前跳时,能够主动用手指示玩具并配以相应的动词与名词"看××",以此引起康复师对发条玩具的注意和兴趣。

(三)工具箱

青蛙发条玩具。

(四)训练基础

儿童已经完成前面部分的训练,能够使用手势—语言表达需求。

(五)训练步骤

1.初阶训练:儿童能在辅助下使用手势+动词与名词分享兴趣

(1)训练目标

当儿童看到青蛙发条玩具往前跳时,能够在辅助下用手指示玩具并配以相应的动词与名词"看青蛙",以此引起康复师对发条玩具的注意和兴趣。

(2)训练步骤

A.康复师B与儿童并排站,康复师A在一旁假装看书。

B.康复师B扭动青蛙发条玩具,当"青蛙"跳动时,康复师B用手指向"青蛙",并向康复师A表达"看青蛙",康复师A立刻看向"青蛙",并夸张地回应康复师B,如"哇,青蛙跳起来了"。

C.康复师B扭动青蛙发条玩具,当"青蛙"跳动时,康复师B辅助儿童用手指向"青蛙",并向康复师A表达"看青蛙",康复师A立刻看向"青蛙",并夸张地回应儿童,如"哇,青蛙跳起来了"。

(3)达标标准

步骤	儿童正确反应	达标标准
1	儿童在辅助下用手指向发条玩具并配以相应的动词与名词"看青蛙",向康复师分享兴趣。	多次重复,儿童在辅助下用手指向发条玩具并配以相应的动词与名词"看青蛙",向康复师分享兴趣,连续3次及以上。

2.进阶训练:儿童能主动使用手势+动词与名词分享兴趣

(1)训练目标

当儿童看到青蛙发条玩具往前跳时,能够主动用手指示玩具并配以相应的动词与名词"看青蛙",以此引起康复师对发条玩具的注意和兴趣。

(2)训练步骤

A.康复师A将青蛙发条玩具拿给儿童,然后在一旁假装看书。

B.儿童扭动青蛙发条玩具(若儿童无法扭动玩具,则可让康复师B进行辅助),当"青蛙"跳动时,等儿童主动用手指向"青蛙",并向康复师A表达"看青蛙"后,康复师A立刻看向"青蛙",并回应儿童,如"哇,青蛙跳起来了"。

(3)达标标准

步骤	儿童正确反应	达标标准
1	儿童主动用手指示玩具并配以相应的动词与名词"看青蛙",向康复师分享兴趣。	多次重复,儿童能够主动用手指示玩具并配以相应的动词与名词"看青蛙",向康复师分享兴趣,连续3次及以上。

七、动词+代词

(一)训练目标

儿童在看到自己感兴趣的物品时,能够主动用手指示该物品并配以相应的动词与代词,以此引起他人对该物品的兴趣。

(二)主要内容

1.初阶训练

康复师辅助儿童用手指示"小老鼠"并配以相应的动词与代词"看这里",以此引起康复师对"小老鼠"的兴趣。

2.进阶训练

康复师引导儿童主动用手指示"小老鼠"并配以相应的动词与代词"看

这里”,以此引起康复师对“小老鼠”的兴趣。

(三)工具箱

纸箱、纸杯、筷子、彩色纸、锤子。

(四)训练基础

儿童已经完成前面部分的训练,能够使用手势—语言表达需求。

(五)训练步骤

1.初阶训练:儿童能在辅助下使用手势+动词与代词分享兴趣

(1)训练目标

儿童在看到“小老鼠”出现时,在康复师的辅助下用手指示“小老鼠”并配以相应的动词与代词“看这里”,以此引起康复师对“小老鼠”的兴趣。

(2)训练步骤

A.康复师自制打老鼠玩具:在纸箱上挖出6个相同大小的洞,然后在洞背面贴上相同颜色的纸封住洞口,用小刀在纸上划出十字。准备2个一样的纸杯,在其中一个纸杯杯底画上小老鼠,然后将筷子分别粘在2个纸杯杯口。

B.康复师A与儿童面对面坐,康复师B与儿童并排坐。

C.康复师A拿出自制的打老鼠玩具,将2个纸杯放在洞的下方。康复师A对儿童说:“我们来敲小老鼠,你找一找小老鼠在哪里。”然后康复师A多次在不同的洞口呈现空白杯底,当“小老鼠”出现时,康复师B辅助儿童用手指向“小老鼠”并向康复师A表达“看这里”,康复师A回应儿童,如“哇,你找到小老鼠啦”,然后将锤子拿给儿童,儿童敲击小老鼠。

(3)达标标准

步骤	儿童正确反应	达标标准
1	儿童在辅助下用手指向“小老鼠”并表达“看这里”,向康复师分享兴趣。	多次重复,儿童能够在辅助下用手指向“小老鼠”并表达“看这里”,向康复师分享兴趣,连续3次及以上。

2.进阶训练:儿童能主动使用手势+动词与代词分享兴趣

(1)训练目标

儿童在看到“小老鼠”出现时,能够主动用手指示“小老鼠”并配以相应的动词与代词“看这里”,以此引起康复师对“小老鼠”的兴趣。

(2)训练步骤

A.康复师与儿童面对面坐。

B.康复师拿出自制的打老鼠玩具,将2个纸杯放在洞的下方。康复师对儿童说:“我们来敲小老鼠,你找一找小老鼠在哪里。”然后康复师多次在不同的洞口呈现空白杯底,当“小老鼠”出现时,儿童用手指向“小老鼠”并向康复师表达“看这里”后,康复师回应儿童,如“哇,你找到小老鼠啦”,然后将锤子拿给儿童,儿童敲击小老鼠。

(3)达标标准

步骤	儿童正确反应	达标标准
1	儿童主动用手指向“小老鼠”并表达“看这里”,向康复师分享兴趣。	多次重复,儿童能够主动用手指向“小老鼠”并表达“看这里”,向康复师分享兴趣,连续3次及以上。

八、代词+名词

(一)训练目标

儿童在看到自己感兴趣的物品时,能够主动用手指示该物品并配以相应的代词与名词,以此引起他人对该物品的兴趣。

(二)主要内容

1.初阶训练

康复师辅助儿童用手指示泡泡并配以相应的代词与名词"那个××",以此引起康复师对泡泡的兴趣。

2.进阶训练

康复师引导儿童主动用手指示该泡泡并配以相应的代词与名词"那个××",以此引起康复师对泡泡的兴趣。

(三)工具箱

动画训练系统。

(四)训练基础

儿童已经完成前面部分的训练,能够使用手势—语言表达需求。

(五)训练步骤

1.初阶训练:儿童能在辅助下通过手势+代词与名词分享兴趣

(1)训练目标

儿童在看到有动物或水果泡泡出现时,能够在康复师的辅助下用手指示该泡泡并配以相应的代词与名词“那个××”，以此引起康复师对泡泡的兴趣。

(2)训练步骤

A.康复师打开动画《欢乐泡泡》，让儿童熟悉动画。

B.播放动画，康复师以如下句式做出解释，并引导儿童回答：“你看熊猫圆圆在干什么呀？泡泡里面有什么？当碰到有小动物的泡泡时，小动物会怎样啊？”

C.康复师再次打开动画，然后当有动物或水果的泡泡出现时，康复师用手指向泡泡，并表达“那个××”，如“那个兔子”进行示范，点击对应的泡泡，动物或水果就坐滑滑梯滑下来。

D.当再有动物或水果的泡泡出现时，康复师辅助儿童用手指向泡泡，并引导儿童表达“那个××”，然后康复师点击对应的泡泡，动物或水果就坐滑滑梯滑下来。

(3)达标标准

步骤	儿童正确反应	达标标准
1	儿童在辅助下用手指向泡泡并表达“那个××”，向康复师分享兴趣。	多次重复，儿童能够在辅助下用手指向泡泡并表达“那个××”，向康复师分享兴趣，连续3次及以上。

2.进阶训练：儿童能主动通过手势+代词与名词分享自己看到的物品或事件

(1)训练目标

儿童通过主动发起分享的方式，在看到动物或水果泡泡出现时，能够主动用手指示该泡泡并配以相应的代词与名词“那个××”，以此引起康复师对泡泡的兴趣。

(2)训练步骤

康复师打开动画，当有动物或水果泡泡出现时，儿童用手指向泡泡，并表达“那个××”后，康复师点击对应的泡泡，动物或水果就坐滑滑梯滑下来。

(3)达标标准

步骤	儿童正确反应	达标标准
1	儿童主动用手指向泡泡并表达“那个××”，向康复师分享兴趣。	儿童能够主动用手指向泡泡并表达“那个××”，向康复师分享兴趣，连续3次及以上。

第三节　嵌套式训练

一、小组训练:趣味钓鱼

(一)训练目标

儿童能够主动使用手指指示鱼并配以相应的动词如“看”,以此引起他人对鱼的兴趣。

(二)工具箱

若干小鱼模型、钓鱼竿。

(三)训练基础

儿童已经完成共同注意基础部分的训练,能够使用手势—语言表达需求。

(四)训练步骤

1.康复师与儿童面对面坐在桌子两边,拿出钓鱼竿和1个小鱼模型放在桌面上。康复师先拿鱼竿钓鱼,待钓上鱼后,康复师用手指示鱼竿上的鱼,看向儿童并对其说“看”,进行示范。等待儿童关注后,康复师进行回应,如“好大的鱼”。

2.康复师将另外的3~5个小鱼模型放在桌面上,随后拿出鱼竿问儿童:“你要玩钓鱼吗?”儿童回应,如“我要玩”后,康复师将鱼竿拿给儿童。

3.等儿童钓上鱼后,儿童主动用手指示鱼竿上的鱼(或由康复师引导儿童做出该行为),并向康复师表达“看”后,康复师看向鱼并进行回应,如“好厉害呀,好漂亮的鱼”。

二、家居训练:搭积木

(一)训练目标

儿童能够主动用手指示积木并配以相应的动词如“看”,以此引起他人对积木的兴趣。

(二)工具箱

若干积木。

(三)训练基础

儿童已经完成共同注意基础部分的训练,能够使用手势—语言表达需求。

(四)训练步骤

1.家长与儿童面对面坐在地垫上,拿出积木对儿童说:“我们来搭房子吧!”儿童回应如“好的”后,家长与儿童开始搭积木。

2.家长搭好后,用手指示搭建的“房子”,并向儿童表达“看”,进行示范。儿童关注后,家长向儿童描述,“这是房顶、这是窗户”等,然后询问儿童:“你想来搭房子吗?”

3.等待儿童搭建好“房子”,主动用手指示搭好的“房子”(或由家长引导儿童做出该行为),并向家长表达“看”后,家长及时回应儿童,如“你搭的房子好漂亮”“这是什么呀”等。

第十章　指引他人的注意跟随

指引他人的注意跟随是指，在儿童发起他人对某物或某事件的共同注意后，儿童利用语音、语言、手势等信息，以及通过对物品或事件的操作来维持共同注意，也就是儿童能够持续地参与分享互动的能力。语音和语言信息维持与操作性维持共同注意并不矛盾，有时二者可以同时出现，儿童也需要学会同时使用。该能力是发起式共同注意的复杂行为，是儿童与他人进行维持性对话的基础。

与第九章中的建立主动分享意识的能力相比，指引他人的注意跟随要求儿童多次发起共同注意行为，而非单次发起，因此该能力对儿童的社交动机有较高的要求。功能较高的自闭症儿童可以尝试介入这一能力的干预；功能较低的自闭症儿童则可以先进行基础的发起式共同注意干预，建立主动分享意识，待能力提高后再介入此部分的干预。

在干预方法方面，本章除了继续使用回合式教学法和关键反应训练这两种方法外，还增加了动画训练方法，以提高儿童学习建立主动分享的动机和成效。

第一节　语音和语言信息维持

一、概述

（一）操作性定义

在儿童发起他人对某物或某事件的共同注意后，利用语音和语言信息维持共同注意。其主要内容包括：

1.在成功发起共同注意后，持续性地利用语音与语言信息或者语音+手势、语言+手势等方式，维持他人对某物或某事件的共同注意。

2.在成功发起共同注意后，用一种以上的不同的语音和语言信息（词汇或短句）描述某物。

3.在成功发起共同注意后，用语言信息来描述事件的变化。

4.在成功发起共同注意后，能和他人维持对话。

（二）训练目标

儿童在成功发起他人对某物或某事件的共同注意后，能够利用语音或语言信息，或者语音+手势、语言+手势等方式，持续性地维持他人对某物或某事件的共同注意。

二、利用单一语音或语言+手势的方式，维持他人的共同注意

（一）训练目标

儿童发起他人对电动下蛋鸡的共同注意后，持续性地利用语音或语言+手势的方式，维持他人对电动下蛋鸡的共同注意。

（二）主要内容

1.初阶训练

儿童在发起他人对电动下蛋鸡的共同注意后，能够在辅助下持续性地利用语言信息如"下蛋了"等方式，以维持他人的共同注意。

2.进阶训练

引导儿童在发起他人对电动下蛋鸡的共同注意后，主动且持续性地利用语言信息如"下蛋了"等方式，以维持他人的共同注意。

（三）工具箱

电动下蛋鸡、动画训练系统。

（四）训练基础

儿童已经完成发起共同注意训练，具有语句表达能力。

（五）训练步骤

1.初阶训练：引起他人注意后，儿童能在辅助下利用简单的语言信息的方式，维持他人的共同注意

（1）训练目标

儿童发起康复师对电动下蛋鸡的共同注意后，在辅助下持续性地利用

语言表达的方式，维持康复师对电动下蛋鸡的共同注意。

(2)训练步骤

A.康复师A与儿童面对面坐，康复师B与儿童并排坐。

B.康复师B按下下蛋鸡按钮，下蛋鸡开始动起来。康复师B等待下蛋鸡"下蛋"后，拉起儿童的手指向下蛋鸡，并引导儿童向康复师A表达"下蛋了"。康复师A回应儿童，如"哦，小鸡下蛋了"。

(3)达标标准

步骤	儿童正确反应	达标标准
1	儿童在辅助下用手指向下蛋鸡，并向康复师表达"下蛋了"，维持康复师的共同注意。	多次重复，儿童能够在辅助下用手指向下蛋鸡，并向康复师表达"下蛋了"，维持康复师的共同注意，连续3次及以上。

2.进阶训练：发起他人注意后，儿童能主动且持续性地利用原有的方式，维持他人的共同注意

(1)训练目标

儿童发起康复师对电动下蛋鸡的共同注意后，主动且持续性地利用简单的语言表达方式，维持康复师对电动下蛋鸡的共同注意。

(2)训练步骤

A.康复师与儿童面对面坐，并按下下蛋鸡按钮，下蛋鸡开始动起来。

B.等待下蛋鸡"下蛋"后，儿童用手指向下蛋鸡，并向康复师表达"下蛋了"。康复师回应儿童，如"哦，小鸡下蛋了"。

(3)达标标准

步骤	儿童正确反应	达标标准
1	儿童主动用手指向下蛋鸡，并向康复师表达"下蛋了"，维持康复师的共同注意。	多次重复，儿童能够主动用手指向下蛋鸡，并向康复师表达"下蛋了"，维持康复师的共同注意，连续3次及以上。

三、利用不同的语言信息描述某物，维持他人的共同注意

(一)训练目标

儿童引起康复师对变脸娃娃的共同注意后，用一种以上的不同的语言信息描述变脸娃娃，以维持康复师对变脸娃娃的共同注意。

(二)主要内容

1. 初阶训练

儿童能够在辅助下引起康复师对变脸娃娃的共同注意后，用一种以上的不同短语、短句描述变脸娃娃，以维持康复师对变脸娃娃的共同注意。

2. 进阶训练

儿童能够在主动引起康复师对变脸娃娃的共同注意后，用一种以上的不同短语、短句描述变脸娃娃，以维持康复师对变脸娃娃的共同注意。

(三)工具箱

变脸娃娃。

(四)训练基础

儿童具有短语或语句表达能力，已经完成共同注意的基础训练。

(五)训练步骤

1. 初阶训练：儿童能在辅助下用不同的短句描述变脸娃娃，维持康复师的共同注意

(1)训练目标

儿童引起康复师注意变脸娃娃后，能够在辅助下用不同的短句描述变

脸娃娃的状态,以维持康复师对变脸娃娃的共同注意。

(2)训练步骤

A.康复师A与儿童面对面坐,康复师B与儿童并排坐。

B.康复师B辅助儿童按下变脸娃娃的按钮,引导儿童用手指向变脸娃娃或将变脸娃娃拿到康复师A面前,并表达“娃娃笑了”。康复师A回应儿童,如“是的,娃娃笑了”。

(3)达标标准

步骤	儿童正确反应	达标标准
1	儿童能在辅助下用手指向变脸娃娃或将变脸娃娃拿到康复师面前,并表达“娃娃笑了”。	多次重复,儿童能够在辅助下用手指向变脸娃娃或将变脸娃娃拿到康复师面前,并表达“娃娃笑了”,连续3次及以上。

2.进阶训练:儿童能主动用不同的短句描述变脸娃娃,维持康复师的共同注意

(1)训练目标

儿童引起康复师注意变脸娃娃后,能够主动用不同的短句描述变脸娃娃的状态,以维持康复师对变脸娃娃的共同注意。

(2)训练步骤

A.康复师与儿童面对面坐,将变脸娃娃给儿童。

B.儿童按下变脸娃娃的按钮,并用手指向变脸娃娃或将变脸娃娃拿到康复师面前,并表达“娃娃笑了”。康复师回应儿童,如“哦,娃娃笑了”。

（3）达标标准

步骤	儿童正确反应	达标标准
1	儿童主动用手指向变脸娃娃或将变脸娃娃拿到康复师面前，并表达“娃娃笑了”。	多次重复，儿童能够主动用手指向变脸娃娃或将变脸娃娃拿到康复师面前，并根据变脸娃娃的状态说“娃娃××了”，连续3次及以上。

四、描述事件的变化，维持他人的共同注意

（一）训练目标

儿童引起他人对变色龙的共同注意后，用语言信息来描述变色龙的颜色变化，以维持他人对变色龙的共同注意。

（二）主要内容

1.初阶训练

儿童能够在引起康复师对变色龙的共同注意后，在辅助下用语言信息来描述变色龙的颜色变化，以维持康复师的共同注意。

2.进阶训练

引导儿童在引起康复师对变色龙的共同注意后，主动用语言信息来描述变色龙的颜色变化，以维持康复师的共同注意。

（三）工具箱

五色纸、感应变色龙、动画训练系统。

（四）训练基础

儿童具有简单的描述能力，已经完成共同注意的基础能力训练。

（五）训练步骤

1.初阶训练：儿童能在辅助下用语句来描述变色龙的颜色变化

（1）训练目标

儿童引起康复师对变色龙的共同注意后，在辅助下用“变色龙变成××色了”来描述变色龙的变化。

（2）训练步骤

A.康复师A与儿童面对面坐，康复师B与儿童并排坐。

B.康复师B在五色纸上画下线条后，辅助儿童按下变色龙的按钮。当变色龙经过红色区域时，引导儿童向康复师A表达“变色龙变成红色了”，引起康复师A的注意。康复师A随之做出反应，如“哇，变成红色的变色龙了”。

（3）达标标准

步骤	儿童正确反应	达标标准
1	在辅助下，儿童向康复师表达“变色龙变成红色了”。	多次重复，儿童能够在辅助下向康复师说“变色龙变成××色了”，连续3次及以上。

2.进阶训练：儿童能主动用语句来描述变色龙的颜色变化

（1）训练目标

儿童引起康复师对变色龙的共同注意后，主动用“变色龙变成××色了”语句来描述变色龙的变化。

（2）训练步骤

A.康复师A与儿童面对面坐，康复师B与儿童并排坐。

B.康复师B在五色纸上画下线条后，儿童主动按下变色龙的按钮。当变色龙经过红色区域时，儿童主动向康复师A表达“变色龙变成红色了”，引起康复师A的注意。康复师A随之做出反应，如“哇，变成红色的变色龙了”。

(3)达标标准

步骤	儿童正确反应	达标标准
1	儿童主动向康复师表达“变色龙变成红色了”。	多次重复,儿童能够主动向康复师说“变色龙变成××色了”,连续3次及以上。

五、持续与他人对话,以维持他人的共同注意

(一)训练目标

儿童在引起他人对水果生日蛋糕的共同注意后,能够和他人持续对话,以维持他人的共同注意。

(二)主要内容

1.初阶训练

儿童在引起康复师对水果生日蛋糕的共同注意后,在辅助下能够和康复师持续对话,以维持康复师的共同注意。

2.进阶训练

儿童能够在引起康复师对水果生日蛋糕的共同注意后,主动和康复师持续对话,以维持康复师的共同注意。

(三)工具箱

仿真水果生日蛋糕玩具、动画训练系统。

(四)训练基础

儿童具有持续对话的能力,已经完成共同注意的基础能力训练。

(五)训练步骤

1.初阶训练:儿童能在辅助下与他人持续对话,以维持他人的共同注意

(1)训练目标

儿童在引起康复师对水果生日蛋糕的共同注意后,在辅助下和康复师持续对话,以维持康复师的共同注意。

(2)训练步骤

A.康复师A与儿童面对面坐,康复师B与儿童并排坐。康复师A对儿童说:“我们一起来做水果蛋糕吧。”

B.康复师A与儿童拼好蛋糕主体后,康复师B引导儿童向康复师A表达“老师,你想要什么水果?”,康复师A回应儿童“我想要苹果”。儿童将苹果给康复师A,康复师A将苹果插在蛋糕上。康复师A问儿童“你想要什么?”,康复师B引导儿童回答“我想要草莓”,儿童将草莓插在蛋糕上。

C.康复师B再次引导儿童问康复师A“你想要樱桃吗?”,康复师A回应儿童“我想要樱桃(我不想要樱桃,我想要猕猴桃)”。儿童将对应的水果给康复师A,康复师A将水果插在蛋糕上。然后康复师A问儿童“你想要葡萄吗?”,康复师B引导儿童回答“我想要葡萄(我不想要葡萄,我想要橘子)”,然后儿童将对应的水果插在蛋糕上。

D.蛋糕装饰好后,康复师A说:“现在蛋糕做好了,我们一起来唱生日歌吧。”

(3)达标标准

步骤	儿童正确反应	达标标准
1	在辅助下儿童能够维持与康复师的对话。	多次重复,在辅助下儿童能够与康复师持续对话,维持康复师的共同注意,连续3次及以上。

2. 进阶训练：儿童能通过主动与他人持续对话，维持他人的共同注意

（1）训练目标

儿童在引起康复师对水果生日蛋糕的共同注意后，通过主动和康复师持续对话，以维持康复师的共同注意。

（2）训练步骤

A. 康复师与儿童面对面坐，儿童对康复师说："我们一起来做水果蛋糕吧。"

B. 康复师与儿童拼好蛋糕主体后，儿童向康复师表达"老师，你想要什么水果？"，康复师回应儿童"我想要苹果"。儿童将苹果拿给康复师，康复师将苹果插在蛋糕上。康复师问儿童"你想要什么？"，儿童回答"我想要草莓"，然后儿童将草莓插在蛋糕上。

C. 儿童再次向康复师提问"你想要樱桃吗？"，康复师回应儿童"我想要樱桃（我不想要樱桃，我想要猕猴桃）"。儿童将对应的水果拿给康复师，康复师将水果插在蛋糕上。康复师问儿童"你想要葡萄吗？"，儿童回答"我想要葡萄（我不想要葡萄，我想要橘子）"，然后儿童将对应的水果插在蛋糕上。

D. 蛋糕装饰好后，康复师说："现在蛋糕做好了，我们一起来唱生日歌吧。"

（3）达标标准

步骤	儿童正确反应	达标标准
1	儿童能够主动维持与康复师的对话。	多次重复，儿童能够主动与康复师持续对话，以维持康复师的共同注意，连续3次及以上。

第二节　操作性维持

一、概述

(一)操作性定义

在儿童发起他人对某物或某事件的共同注意后,通过对该物或该事件的操作来维持他人的共同注意。

其主要内容包括:

1. 手势—身体接近并辅以表达接近的话语(如“过去”);
2. 拿取—展示物品;
3. 操作物品(如手指向物品不同的地方)。

(二)训练目标

1. 儿童发起他人对某物或某事件的共同注意后,通过手势—身体接近并辅以表达接近的话语(如“过去”)来维持他人的共同注意。

2. 通过拿取—展示物品的方式来维持他人的共同注意。

3. 通过操作物品(如手指向物品不同的地方)来维持他人的共同注意。

二、儿童发起共同注意后，通过手势—身体接近以维持他人的共同注意

（一）训练目标

儿童发起他人对小汽车的共同注意后，能够主动通过手势“指”并走向他人（或辅以表达接近的话语，如“去看”），来维持他人的共同注意。

（二）主要内容

1.初阶训练

儿童在发起康复师对小汽车的共同注意后，在辅助下通过手势“指”并走向康复师（或辅以表达接近的话语，如“去看”），来维持康复师的共同注意。

2.进阶训练

儿童在发起康复师对小汽车的共同注意后，主动通过手势“指”并走向康复师（或辅以表达接近的话语，如“去看”），来维持康复师的共同注意。

（三）工具箱

玩具汽车、气球、吸管、胶带。

（四）训练基础

儿童能够通过手势—身体接近表达需求，能够成功发起他人对某物或某事件的共同注意。

（五）训练步骤

1. 初阶训练：儿童发起康复师的共同注意后，在辅助下通过手势—身体接近维持康复师的共同注意

（1）训练目标

儿童在发起康复师对小汽车的共同注意后，在辅助下通过手势“指”并走向康复师（或辅以表达接近的话语，如“去看”），来维持康复师的共同注意。

（2）训练步骤

A. 康复师A自制气球小车：先将吸管的一端放进气球口，然后用胶带缠住气球口，再将吸管的中间绑在玩具汽车上。

B. 儿童并排站在康复师A与康复师B的中间，康复师B拿起自制气球小车玩具，用嘴从吸管口将气球吹大，随后辅助儿童用手捏住吸管口将小车放在地上。汽车跑向远处后，康复师B辅助儿童用手指向远处的小汽车，然后让儿童走向康复师A，并引导儿童向康复师A表达“去看”，然后康复师A和儿童走向小汽车。

（3）达标标准

步骤	儿童正确反应	达标标准
1	儿童在辅助下用手指向小汽车，然后走向康复师并表达“去看”。	多次重复，儿童能够在辅助下用手指向小汽车，然后走向康复师并表达“去看”，连续3次及以上。

2. 进阶训练：儿童发起他人的共同注意后，主动通过手势—身体接近维持他人的共同注意

（1）训练目标

儿童在发起康复师对小汽车的共同注意后，主动通过手势“指”并走向康复师(或辅以表达接近的话语,如“去看”),来维持他人的共同注意。

(2)训练步骤

A.康复师与儿童并排站,康复师拿起自制气球小车玩具,用嘴从吸管处将气球吹大,随后辅助儿童用手捏住吸管口将小车放在地上。

B.汽车跑向远处后,儿童主动用手指向远处的小汽车,然后走向康复师,并向康复师表达“去看”后,康复师和儿童走向小汽车。

(3)达标标准

步骤	儿童正确反应	达标标准
1	儿童主动用手指向小汽车,然后走向康复师并表达“去看”。	多次重复,儿童能够主动用手指向小汽车,然后走向康复师并表达“去看”,连续3次及以上。

三、儿童发起他人的共同注意后,通过拿取—展示物品维持他人的共同注意

(一)训练目标

儿童发起他人对扭蛋机的共同注意后,能够通过拿取—展示扭蛋里的玩具来维持他人的共同注意。

(二)主要内容

1.初阶训练

儿童在发起康复师对扭蛋机的共同注意后,在辅助下通过拿取—展示扭蛋里的玩具来维持康复师的共同注意。

2.进阶训练

儿童在发起康复师对扭蛋机的共同注意后,主动通过拿取—展示扭蛋里的玩具来维持康复师的共同注意。

(三)工具箱

自动扭蛋机。

(四)训练基础

儿童能够成功发起他人对某物或某事件的共同注意;具备一定的语言表达能力;能够通过手势—身体接近(并辅以表达接近的话语,如"过去")来维持共同注意。

(五)训练步骤

1.初阶训练:儿童发起他人的共同注意后,在辅助下通过拿取—展示物品维持他人的共同注意

(1)训练目标

儿童在发起康复师对扭蛋机的共同注意后,在辅助下通过拿取—展示扭蛋里的玩具来维持康复师的共同注意。

(2)训练步骤

A.康复师A与儿童面对面坐,康复师B与儿童并排坐。

B.康复师B拿出自动扭蛋机,并辅助儿童按下开机按钮,投入硬币,扭动启动按钮。等待儿童获得扭蛋后,康复师B辅助儿童打开扭蛋,拿出里面的玩具向康复师A展示:"小恐龙(老师,小恐龙)。"

(3)达标标准

步骤	儿童正确反应	达标标准
1	儿童在辅助下拿出玩具向康复师展示。	多次重复,儿童在辅助下拿出玩具向康复师展示,连续3次及以上。

2.进阶训练:儿童发起他人的共同注意后,主动拿取—展示物品来维持他人的共同注意

(1)训练目标

儿童在发起康复师对扭蛋机的共同注意后,主动通过拿取—展示扭蛋里的玩具来维持康复师的共同注意。

(2)训练步骤

A.康复师与儿童面对面坐。

B.康复师拿出自动扭蛋机,儿童主动按下开机按钮,投入硬币,扭动启动按钮。获得扭蛋后,儿童打开扭蛋,主动拿出里面的玩具向康复师展示:“小金鱼(老师,小金鱼)。”

(3)达标标准

步骤	儿童正确反应	达标标准
1	儿童主动拿出玩具向康复师展示。	多次重复,儿童主动拿出玩具向康复师展示,连续3次及以上。

四、儿童发起他人的共同注意后,通过操作物品维持他人的共同注意

(一)训练目标

儿童发起他人对手电筒的共同注意后,通过旋转手电筒来维持他人的共同注意。

(二)主要内容

1.初阶训练

儿童在发起康复师对手电筒的共同注意后,在辅助下通过旋转手电筒来维持康复师的共同注意。

2.进阶训练

儿童在发起康复师对手电筒的共同注意后,主动通过旋转手电筒来维持康复师的共同注意。

(三)工具箱

投影手电筒。

(四)训练基础

儿童能够成功发起他人对某物或某事件的共同注意;具备一定的语言表达能力;能够通过手势—身体接近(并辅以表达接近的话语,如“过去”)来维持他人的共同注意;能够通过拿取—展示物品来维持共同注意。

(五)训练步骤

1.初阶训练:儿童发起他人的共同注意后,在辅助下通过操作物品维持他人的共同注意

(1)训练目标

儿童在发起康复师对手电筒的共同注意后,在辅助下通过旋转手电筒来维持康复师的共同注意。

(2)训练步骤

A.选择光线较暗的环境,儿童并排坐在康复师A与康复师B的中间。

B.康复师B辅助儿童打开手电筒的开关，转动手电筒的灯片，将图案投影在墙上，然后引导儿童表达“老师，小狗”。

(3)达标标准

步骤	儿童正确反应	达标标准
1	儿童在辅助下转动手电筒的灯片，并表达“老师，小狗”。	多次重复，儿童能够在辅助下转动手电筒的灯片，并表达“老师，××”，连续3次及以上。

2.进阶训练：儿童发起他人的共同注意后，主动操作物品来维持他人的共同注意

(1)训练目标

儿童在发起康复师对手电筒的共同注意后，主动旋转手电筒来维持康复师的共同注意。

(2)训练步骤

A.选择光线较暗的环境，儿童与康复师并排坐。

B.儿童主动打开手电筒的开关，转动手电筒的灯片，将图案投影在墙上，然后主动向康复师表达“老师，小狗”。

(3)达标标准

步骤	儿童正确反应	达标标准
1	儿童主动转动手电筒的灯片，并表达“老师，小狗”。	多次重复，儿童能够主动转动手电筒的灯片，并表达“老师，××”，连续3次及以上。

第三节　嵌套式训练

一、小组训练：疯狂保龄球

（一）训练目标

儿童发起康复师对保龄球的共同注意后，主动且持续性地利用简单的语言表达方式，维持康复师对保龄球的共同注意。

（二）工具箱

保龄球玩具。

（三）训练基础

儿童已经完成发起式共同注意的训练，具有语句表达能力；具备一定的运动能力和一定的数概念。

（四）训练步骤

1. 康复师提前将保龄球瓶相隔一定的距离摆放成一排，康复师与儿童面向摆放好的保龄球瓶相对站立，康复师将球拿给儿童。

2. 儿童用球将保龄球瓶打倒后，康复师等待儿童用手指向保龄球瓶，并向康复师表达“打倒了”。康复师捡回球后回应儿童，如“哇，你真棒！你打倒了什么颜色的保龄球瓶啊？”，等待儿童回应。

3. 儿童回应后，康复师将球扔给儿童，示意儿童继续打保龄球瓶。

4. 儿童用球将保龄球瓶打倒后，康复师等待儿童用手指向保龄球瓶，并向康复师表达“打倒了”。康复师捡回球后回应儿童，如“哇，你又打倒了什么颜色的保龄球瓶啊？”，等待儿童回应。

5. 多次重复以上步骤，并根据儿童的情况，增加活动的难度，如说出打倒保龄球瓶的数量、每种颜色的保龄球瓶的数量等。

二、家居训练：筷子夹水果

（一）训练目标

儿童发起家长对筷子夹起物品的共同注意后，主动且持续性地利用简单的语言表达方式，维持家长对筷子夹起物品的共同注意。

（二）工具箱

筷子、水果块儿。

（三）训练基础

儿童已经完成发起式共同注意的训练，具有语句表达能力；具备一定的手眼协调能力。

（四）训练步骤

1. 家长提前将儿童喜欢吃的水果切成块状，准备一双儿童筷子和一个小碗。

2. 家长将空的小碗拿给儿童，并在碗里放入一块水果，将筷子拿给儿童，然后对儿童说：“我们来吃水果吧！”等待儿童用筷子夹起水果，并向家长表达“我夹起来了”后，家长回应儿童，如“哇，你真棒！”。

3. 等待儿童将夹起的水果吃完后，家长再次在儿童碗里放入一块水果。

4. 等待儿童用筷子夹起水果，并向家长表达“我夹起来了”后，家长回应儿童，如“哇，你又夹起一块水果”。

5. 重复以上步骤。

第十一章　注意和分享他人的兴趣

注意和分享他人的兴趣是指在对他人发出的注意刺激有反应式共同注意的响应后，儿童能将注意维持在该刺激上，并和他人互动性地探索该刺激，以便双方的注意能够持续性地维持在该刺激之上。该行为是反应式共同注意的复杂行为。

儿童注意和分享他人的兴趣的能力是反应式和发起式共同注意的综合应用，当儿童在进行注意和分享他人的兴趣的行为时，儿童与互动对象的互动是双向的。在较高水平的此类行为中，儿童和互动对象都能体验到愉悦感，而这种愉悦感是维持互动的重要推动力。因此，这就要求康复师在选择训练任务和刺激物时，要依照自闭症儿童的个性特点、兴趣需求，尽量促发儿童在此类行为中的愉悦感，以提高儿童的互动质量和能力。

与前面几章的训练部分相似，功能较高的自闭症儿童可以尝试介入这一能力的干预。如果自闭症儿童功能水平较低，则可以先进行基础的共同注意干预，待能力提高后再介入此部分的干预。

第一节　注意和分享他人的物品与活动

一、注意和分享他人的物品

(一)定义

在他人发出物品的注意刺激后,儿童能够做出反应式注意,将注意维持在该物品上,并和他人共同探索注意对象,使双方能够持续性地维持注意。

(二)训练目标

在他人的引导下,儿童能维持对发光竹蜻蜓的注意,并和他人一起按照一定的游戏规则共同维持双方的注意,分享探索信息。

(三)主要内容

1.初阶训练

儿童在康复师出示发光竹蜻蜓后,能够在辅助下维持对发光竹蜻蜓的注意,并和康复师一起共同维持双方的注意和分享兴趣。

2.进阶训练

儿童在康复师出示发光竹蜻蜓后,能主动维持对发光竹蜻蜓的注意,并和康复师一起共同维持双方的注意和分享兴趣。

(四)工具箱

发光竹蜻蜓玩具。

（五）训练基础

儿童已经完成共同注意的基础训练；具有一定的语言沟通能力；能够理解游戏规则。

（六）训练步骤

1.初阶训练：儿童能在辅助下注意和分享他人感兴趣的物品

（1）训练目标

儿童在康复师出示发光竹蜻蜓后，能够在辅助下维持对发光竹蜻蜓的注意，并和康复师一起共同维持双方的注意和分享兴趣。

（2）训练步骤

A.康复师A与儿童面对面坐。

B.康复师A拿出发光竹蜻蜓玩具说“××，看，竹蜻蜓（或直接使用竹蜻蜓的款式名称进行表达，如超级飞侠）”，随后等待儿童进行回应，如眼神关注玩具。

C.儿童回应后，康复师A对儿童说“我们来玩竹蜻蜓”，然后按照玩具的箭头指示将竹蜻蜓放在发射器上，随后顺时针旋转竹蜻蜓发条芯，最后康复师A按住发射按钮，使竹蜻蜓旋转升空。当竹蜻蜓升空时，康复师A语气夸张地表达“哇，竹蜻蜓飞起来啦”；康复师B用手指示竹蜻蜓，引导儿童注意竹蜻蜓。

D.当竹蜻蜓落到地上后，康复师B辅助儿童捡起竹蜻蜓，并对康复师A表达“我要玩”。随后康复师A将发射器拿给儿童，与儿童一起操作竹蜻蜓玩具。

(3)达标标准

步骤	儿童正确反应	达标标准
1	儿童在辅助下注意升空的竹蜻蜓。	多次重复，当康复师发射竹蜻蜓时，儿童能够在辅助下注意竹蜻蜓，连续3次及以上。
2	儿童在辅助下捡起掉落在地上的竹蜻蜓，并与康复师一起操作玩具。	多次重复，当竹蜻蜓落地时，儿童能够在辅助下捡起竹蜻蜓，并与康复师一起操作玩具，连续3次及以上。

2.进阶训练：儿童能主动注意和分享他人感兴趣的物品

(1)训练目标

儿童在康复师出示发光竹蜻蜓后，能主动维持对发光竹蜻蜓的注意，并和康复师一起共同维持双方的注意和分享兴趣。

(2)训练步骤

A.康复师与儿童面对面坐，拿出发光竹蜻蜓玩具说“××，看，竹蜻蜓”，随后等待儿童进行回应，如眼神关注玩具。

B.儿童回应后，康复师对儿童说“我们来轮流玩竹蜻蜓”，然后按照玩具的箭头指示将竹蜻蜓放在发射器上，随后顺时针旋转竹蜻蜓发条芯，最后康复师按住发射按钮，使竹蜻蜓旋转升空。当竹蜻蜓升空时，康复师语气夸张地表达“哇，竹蜻蜓飞起来啦”，儿童主动关注竹蜻蜓或表现出愉悦的表情，如大笑。

C.当竹蜻蜓落到地上后，儿童主动捡起竹蜻蜓，并对康复师表达“我要玩”。随后康复师将发射器拿给儿童，与儿童一起操作竹蜻蜓玩具。

(3)达标标准

步骤	儿童正确反应	达标标准
1	儿童主动注意升空的竹蜻蜓。	多次重复,当康复师发射竹蜻蜓时,儿童能够主动注意竹蜻蜓或表现出愉悦的表情,如大笑,连续3次及以上。
2	儿童主动捡起掉落在地上的竹蜻蜓,并与康复师一起操作玩具。	多次重复,当竹蜻蜓落地时,儿童能够主动捡起竹蜻蜓,并与康复师一起操作玩具,连续3次及以上。

二、注意和分享他人的游戏活动

(一)定义

在他人发出游戏活动的注意刺激后,儿童能够做出反应式注意,将注意维持在该活动刺激上,并和他人共同探索注意对象,使双方能够持续性地维持注意。

(二)训练目标

在他人的引导下,儿童能维持对积木滑滑梯的注意,并和他人一起按照一定的游戏规则共同维持双方的注意,分享探索信息。

(三)主要内容

1.初阶训练

儿童在康复师发出积木滑滑梯的注意刺激后,能够在辅助下维持对积木滑滑梯的注意,并和康复师一起按照游戏规则共同维持双方的注意和分享兴趣。

2. 中阶训练

儿童在康复师发出积木滑滑梯的注意刺激后，能主动维持对积木滑滑梯的注意，并和康复师一起按照游戏规则共同维持双方的注意和分享兴趣。

3. 高阶训练

儿童向康复师主动发出积木滑滑梯的注意刺激后，能将注意维持在积木上，并和康复师一起按照游戏规则共同维持双方的注意和分享兴趣。

（四）工具箱

积木、篮子、玩具滑梯（若无滑梯，可用厚纸板代替）。

（五）训练基础

儿童已经完成共同注意的基础训练；具有一定的语言沟通能力；能够理解游戏规则。

（六）训练步骤

1. 初阶训练：儿童能在辅助下注意和分享他人感兴趣的目标

（1）训练目标

在康复师发出积木滑滑梯的注意刺激后，儿童在辅助下能维持对积木滑滑梯的注意，并和康复师一起按照游戏规则共同维持双方的注意和分享兴趣。

（2）训练步骤

A. 康复师A稳定地将滑梯放在地面上，与儿童面对面地站在滑梯两边。

B. 康复师A拿出积木说“你看，这是什么？”，等待儿童回应。

C. 儿童回应后，康复师A说“我们来玩积木滑滑梯吧。我来滑，你来接”，然后将一个积木从滑梯的高处滑下。儿童在康复师B的辅助下用篮子接住积木，并表达“接住了（我接住了）”。

（3）达标标准

步骤	儿童正确反应	达标标准
1	儿童在辅助下用篮子接住积木，并表达“接住了（我接住了）”。	多次重复，儿童能够在辅助下用篮子接住积木，并表达“接住了（我接住了）”，连续3次及以上。

2. 中阶训练：儿童能主动注意和分享他人感兴趣的目标

（1）训练目标

在康复师发出积木滑滑梯的注意刺激后，儿童能主动维持对积木滑滑梯活动的注意，并和康复师一起按照游戏规则共同维持双方的注意和分享兴趣。

（2）训练步骤

A. 康复师稳定地将滑梯放在地面上，与儿童面对面地站在滑梯两边。

B. 康复师拿出积木，问“你看，这是什么？”，等待儿童回应。

C. 儿童回应后，康复师说“我们来玩积木滑滑梯吧。我来滑，你来接”，然后将一个积木从滑梯的高处滑下。儿童主动用篮子接住积木，并表达“我接住了”。

（3）达标标准

步骤	儿童正确反应	达标标准
1	儿童主动用篮子接住积木，并表达“接住了（我接住了）”。	多次重复，儿童能够主动用篮子接住积木，并表达“接住了（我接住了）”，连续3次及以上。

3. 高阶训练：儿童能主动注意和分享自己感兴趣的目标

(1)训练目标

儿童在主动发出积木滑滑梯的注意刺激后，能将注意维持在积木上，并和康复师一起按照游戏规则共同维持双方的注意和分享兴趣。

(2)训练步骤

A. 康复师稳定地将滑梯放在地面上，与儿童面对面地站在滑梯两边。

B. 康复师拿出积木，说"我们来玩积木滑滑梯吧。我来滑，你来接"，然后将一个积木从滑梯的高处滑下。儿童主动用篮子接住积木，并表达"我接住了"。

C. 康复师再次拿出积木，对儿童说"我们来玩积木滑滑梯吧，你来滑，我来接"，然后将积木拿给儿童。

D. 等待儿童将一个积木从滑梯的高处滑下后，康复师用篮子接住积木，并表达"我接住了"。

(3)达标标准

步骤	儿童正确反应	达标标准
1	儿童主动将积木从滑梯的高处滑下，并等待康复师接住积木。	多次重复，儿童能够主动将积木从滑梯的高处滑下，并等待康复师接住积木，连续3次及以上。

第二节　注意和分享他人的语言信息

一、定义

当他人发出语言信息的注意刺激后，儿童能够做出反应式注意，将注意维持在该刺激上，并和他人共同探索注意对象，使双方能够持续性地维持注意。

二、爱干净的小猪

(一)训练目标

在康复师讲解绘本故事的过程中，儿童能维持对故事内容的注意，并和他人一起共同维持注意在该绘本故事上，分享探索绘本故事的内容。

(二)主要内容

1.初阶训练

在康复师讲解绘本故事时，当康复师用手指示绘本内容后，儿童能够维持对绘本故事的注意，回答指示性问题。

2.中阶训练

在康复师讲解绘本故事时，儿童能够维持对绘本故事的注意，回答指示性问题。

3.高阶训练

在康复师讲解绘本故事时，儿童能够维持对绘本故事的注意，回答指示性问题并主动向康复师分享探索绘本故事的内容。

（三）工具箱

故事绘本。

（四）训练基础

儿童已经完成共同注意前面章节的训练；具有一定的语言沟通能力；具备一定的理解和阅读能力。

（五）训练步骤

1.初阶训练：儿童能在提示下维持对绘本故事的兴趣，回答指示性问题

（1）训练目标

在康复师讲解绘本故事时，当康复师用手指示绘本内容后，儿童能够维持对绘本故事的注意，回答指示性问题。

（2）训练步骤

A.康复师与儿童面对面坐。

B.康复师拿出一本故事绘本，如《小猪变干净了》。康复师打开绘本面向儿童，对儿童说“今天我们来看一个关于小猪的故事”，随后一边进行绘本讲解，一边用手指示对应的内容，如康复师用手指着小猪的衣服，说“小猪一点儿都不爱干净，所以他的衣服都是脏脏的”。当康复师用手指示绘本内容时，儿童能够进行回应，如目光追随康复师指示的地方。

C.康复师讲述完一页后，根据绘本内容向儿童提出指示性问题，如“这是谁？""小猪怎么了？"。儿童回答困难时，康复师用手指示对应的位置，儿童能够在康复师的指示下回答问题。

D.儿童正确回答后，康复师进行强化，如向儿童表达"你真棒(回答对了)!"，或给儿童贴上奖励贴纸。

(3)达标标准

步骤	儿童正确反应	达标标准
1	康复师一边讲述绘本故事，一边用手指示绘本内容时，儿童目光追随康复师指示的位置。	多次重复，在康复师讲述绘本故事时，儿童能够在指示下维持注意在绘本上，连续3次及以上。
2	康复师讲述完一页绘本故事后，向儿童提出问题时，儿童能在康复师的指示下回答问题。	多次重复，在康复师讲述完一页绘本时，儿童能够在指示下维持注意在绘本上，并回答指示性问题，连续3次及以上。

2.中阶训练：儿童能维持对绘本故事的兴趣，回答指示性问题

(1)训练目标

在康复师讲解绘本故事时，儿童能自主维持对绘本故事的注意，回答指示性问题。

(2)训练步骤

A.康复师与儿童面对面坐。

B.康复师拿出一本故事绘本，如《小猪变干净了》。康复师打开绘本面向儿童，对儿童说"今天我们来看一个关于小猪的故事"，随后讲述绘本故事。在讲述绘本故事时，儿童能够进行回应，如目光跟随康复师讲述的内容进行移动。

C.康复师根据绘本内容向儿童提出问题，如"这是谁？""小猪怎么了？"。儿童能够自主看向对应的位置，回答问题。

D.儿童正确回答后，康复师进行强化，如向儿童表达“你真棒（回答对了）！”，或给儿童贴上奖励贴纸。

（3）达标标准

步骤	儿童正确反应	达标标准
1	康复师讲述绘本故事时，儿童目光跟随康复师讲述的内容进行移动，并回答相关的问题。	多次重复，在康复师讲述绘本时，儿童目光跟随康复师讲述的内容进行移动，并回答相关的问题，连续3次及以上。

3.高阶训练：儿童能维持对绘本故事的兴趣，并主动分享兴趣

（1）训练目标

在康复师讲解绘本故事时，儿童能够维持对绘本故事的注意，回答指示性问题并主动向康复师分享探索绘本故事的内容。

（2）训练步骤

A.康复师A与儿童面对面坐，康复师B与儿童并排坐。

B.康复师A拿出一本故事绘本，如《小猪变干净了》。康复师A打开绘本面对儿童，在讲述绘本故事时，儿童能够注意跟随康复师A讲述的内容，并回答相关的问题。

C.在绘本讲述过程中，康复师B用手指指示或语言表达绘本中的内容，如“看，小猪变干净了（看，这是天鹅）”等。康复师A立即回应，如“哇，小猪变得又干净又可爱（天鹅好漂亮啊）”等，作为示范。

D.当看到儿童感兴趣的内容或儿童表现出感兴趣的内容时，康复师B引导儿童用手指示绘本中感兴趣的内容或用语言表达，随后康复师A立即对儿童该行为进行强化。

E.多次重复，根据儿童的能力，逐渐撤销示范和辅助，直至儿童能够在故事绘本的阅读过程中，自主与康复师共同维持注意在绘本内容上，并分享自己的兴趣。

(3)达标标准

步骤	儿童正确反应	达标标准
1	康复师示范后，儿童能够在看到自己感兴趣的内容时，在辅助下用手指示或语言表达其内容，向康复师分享自己的兴趣。	多次重复，儿童能够在看到自己感兴趣的内容时，在辅助下用手指示或语言表达其内容，向康复师分享自己的兴趣，连续3次及以上。
2	在绘本阅读的过程中，儿童维持自己的注意在绘本上，并及时回应康复师的问题，向其主动分享自己感兴趣的内容。	多次重复，儿童能够维持自己的注意在绘本上，并及时回应康复师的问题，向其主动分享自己感兴趣的内容，连续3次及以上。

三、你言我语

(一)训练目标

在与他人交谈的过程中，儿童能维持注意在他人的说话上，并和他人沟通交流。

(二)主要内容

1.初阶训练

在与他人交谈的过程中，儿童能够倾听他人的说话内容，并回答指示性问题。

2.中阶训练

在与他人交谈的过程中，儿童能够在肢体或语言提示下向他人提出问题或分享自己感兴趣的内容。

3.高阶训练

在与他人交谈的过程中,儿童能够自主向他人提出问题或分享自己感兴趣的内容。

(三)工具箱

无。

(四)训练基础

儿童已经完成共同注意的基础训练;有一定的语言沟通能力;具备一定的社交互动能力。

(五)训练步骤

1.初阶训练:儿童能倾听他人说话,并回答问题

(1)训练目标

在与他人交谈的过程中,儿童能够倾听他人说话的内容,并回答相关问题。

(2)训练步骤

A.康复师与儿童面对面坐。

B.康复师开启谈话,如“我昨天去了超市,买了巧克力、草莓”。儿童在与康复师谈话时,能够眼神关注康复师,倾听谈话内容。

C.当康复师在谈话时向儿童提出问题,如“××(儿童姓名),你有没有去逛超市啊?”“买了什么啊?”,儿童能够维持注意在康复师说话的内容上,并回答相关问题。

(3)达标标准

步骤	儿童正确反应	达标标准
1	康复师与儿童谈话时,向儿童提问,儿童能及时回答。	多次重复,在康复师与儿童谈话时,向儿童提问,儿童能够及时回答,连续3次及以上。

2.中阶训练:儿童能在提示下提出问题或分享自己的兴趣

(1)训练目标

在谈话过程中,儿童能维持注意在康复师说话的内容上,并在提示下向康复师提出问题或分享自己的兴趣。

(2)训练步骤

A.康复师与儿童面对面坐。

B.康复师开启谈话,如“你去过动物园吗?”,随后引导儿童回答。

C.儿童回答后,康复师通过语言提示,如表达“我也去过动物园,里面的动物好多好多,跟你看到的不一样”,引导儿童围绕该话题向康复师提出问题;或暂停谈话,看向儿童,并用手触碰儿童,示意儿童围绕该话题提出问题或分享自己的兴趣,如“你去过动物园吗?”“我是和妈妈一起去的动物园,还看了熊猫……”。

D.儿童向康复师提出问题或分享自己的兴趣后,康复师及时给予回应,如回答问题或继续围绕该话题进行谈话。

(3)达标标准

步骤	儿童正确反应	达标标准
1	康复师开启对话后,儿童在提示下,维持注意在与康复师的谈话上,并向其分享自己的兴趣。	多次重复,儿童能够在提示下维持注意在与康复师的谈话上,并向其分享自己的兴趣,连续3次及以上。

3. 高阶训练:儿童能自主提出问题或分享自己的兴趣

(1)训练目标

在与康复师交谈的过程中,儿童能维持注意在康复师说话的内容上,自主向康复师提出问题或分享自己感兴趣的内容。

(2)训练步骤

A. 康复师与儿童面对面坐。

B. 康复师开启谈话,如“昨天我去超市买了好多好吃的东西,你有没有去?”,随后等待儿童回答。

C. 儿童回答后,自主围绕该话题继续与康复师进行对话,如向康复师提问或分享自己的兴趣,如“你买了什么?”“我和妈妈也去了超市,买了……”。

D. 儿童向康复师提出问题或分享自己的兴趣后,康复师给予及时的回应,如回答问题或继续围绕该话题进行谈话。

(3)达标标准

步骤	儿童正确反应	达标标准
1	康复师开启谈话后,儿童能维持注意在康复师说话的内容上,并自主向其提问或者分享自己的兴趣。	多次重复,儿童能够维持注意在康复师说话的内容上,并自主向其提问或者分享自己的兴趣,连续3次及以上。

第三节　嵌套式训练

一、小组训练：红绿灯

（一）训练目标

在他人的引导下，儿童能维持对红绿灯（信号）的注意，并和他人一起按照游戏规则共同维持双方的注意，分享探索信息。

（二）工具箱

红色和绿色的灯牌；儿童感兴趣的玩具，如火车。

（三）训练基础

儿童已经完成共同注意的基础训练；具有一定的语言沟通能力；能够理解游戏规则。

（四）训练步骤

1. 康复师提前设置游戏活动的起点和终点，并在终点处放置儿童感兴趣的玩具，如火车。康复师拿着红色和绿色的灯牌站在终点，儿童站在起点。

2. 康复师对儿童说："当我出示绿色灯牌时往前走，出示红色灯牌时就停下来，你走到终点拿到火车就可以玩了。"

3. 康复师交替呈现红色和绿色的灯牌，儿童做出反应后，如在绿色灯牌出现时往前走，在红色灯牌出现时停下来，康复师回应儿童“你真棒！继续加油”。

4. 重复第三步，直至儿童到达终点，拿到玩具并表达“我拿到了！我可以玩了”等，分享自己的兴趣后，游戏结束。

5. 多次重复以上步骤，并根据儿童的情况增加活动的难度，如交换角色，儿童交替呈现灯牌，康复师做出反应。

二、家居训练：好看的绘本

（一）训练目标

在他人的引导下，儿童能维持对绘本的注意，分享探索信息。

（二）工具箱

绘本。

（三）训练基础

儿童已经完成共同注意的基础训练；具有一定的语言沟通能力；能够理解游戏规则。

（四）训练步骤

1. 家长准备一本儿童感兴趣的绘本，如《好饿的毛毛虫》。

2. 家长与儿童并排坐在沙发上，翻开绘本，用手指指示绘本并进行讲述。儿童能够跟随并回应，如假装吃绘本中的物品，或回答相关问题，如“这里有×个苹果”。

3. 当儿童翻阅绘本，用手指指示或用语言表达绘本中的内容时，如“看，毛毛虫”，家长能够及时关注并回应儿童，如“哇，好大的毛毛虫”。

4. 重复以上步骤。

第十二章　注意力训练

平行能力是指与目标能力同步发展,与目标能力相关且可能促进目标能力发展的其他能力。对于典型发展儿童而言,共同注意能力的发展在1岁半以前就已经发展成熟,而注意力则会持续发展直到童年时期。从这个意义来说,注意力并非儿童共同注意能力的平行能力,但对于自闭症儿童来说,他们的注意力却会影响其他能力的干预效果。对于一些功能发展得较好的自闭症儿童而言,他们的共同注意能力经过干预后,可以得到较大的改善。但是,由于自闭症儿童有注意力缺陷,可能会影响干预的效果。因此,对注意力的干预可以辅助提高对共同注意等其他能力的干预效果。

注意力是一种重要的认知能力,它是指意识集中指向某一刺激物的能力。个体注意力的品质可以从4个方面进行衡量,分别是注意力稳定性(即指在一定时间内,比较稳定地把注意力集中于某一特定的对象与活动的能力)、注意力转移性(即指主动地、有目的地及时将注意力从一个对象或者活动调整到另一个对象或者活动上)、注意力分配性(即指在进行多种活动时能够把注意力合理分配于每个活动当中)和注意力广度(即指同时注意到的项目数量)。

在本章的干预中,我们将采用游戏化的方式对前3个方面进行干预。本章的干预内容适合功能水平较高、已经完成共同注意干预内容,且伴随有轻度注意力问题的自闭症儿童。

第一节　注意力稳定性训练

一、概述

(一)操作性定义

在一定时间内,比较稳定地把注意力集中于某一特定的对象与活动的能力。

(二)训练目标

1.在没有干扰物时,儿童能持续性地完成注意活动。

2.在有干扰物时,儿童能抵制干扰物的干扰,将注意力维持在注意对象上。

(三)训练基础

儿童已经完成共同注意核心能力训练。

二、无干扰物时,持续完成注意活动

(一)粘贴雪花片

1.训练目标

在没有干扰物时,儿童能够持续性地完成将雪花片沿线粘贴的活动。

2. 工具箱

A4纸、双面胶、雪花片、康复师粘贴雪花片的照片。

3. 训练步骤

(1)初阶训练:儿童能在图片提示下持续性地完成注意活动

●训练目标

通过图片提示,儿童能够持续性地完成将雪花片沿线粘贴的活动。

●训练步骤

A. 康复师与儿童面对面坐,拿出一张A4纸,在纸上画下一条直线,然后在直线上粘贴双面胶。

B. 康复师拿出粘贴雪花片的照片,对儿童说:"今天我们来玩粘贴雪花片的游戏。"然后康复师拿出5片雪花片,向儿童示范将雪花片沿线粘贴在双面胶上。

C. 康复师先将完成粘贴雪花片的图片放在桌面上,然后依次将雪花片递给儿童,并提示儿童"粘贴雪花片",以持续性地完成粘贴活动。

●达标标准

步骤	儿童正确反应	达标标准
1	儿童在图片提示下持续性地完成粘贴雪花片的活动。	多次重复,儿童能够在图片提示下持续性地完成粘贴雪花片的活动,连续3次及以上。

(2)进阶训练:儿童能够持续性地完成注意活动

●训练目标

儿童能够持续性地完成将雪花片沿线粘贴的活动。

●训练步骤

A.康复师与儿童面对面坐，拿出一张A4纸，在纸上画下一条曲线，然后在曲线上粘贴双面胶（可让儿童独立画曲线或粘贴双面胶，视儿童的能力情况而定）。

B.康复师对儿童说："今天我们来玩粘贴雪花片的游戏。"

C.康复师依次将雪花片递给儿童，儿童持续性地完成粘贴活动后，康复师回应儿童，如伸出双手与儿童击掌，或对儿童说："哇！你真棒！全部都粘贴完了！"

●达标标准

步骤	儿童正确反应	达标标准
1	儿童持续性地完成粘贴雪花片的活动。	多次重复，儿童能够持续性地完成粘贴雪花片的活动，连续3次及以上。

（二）抖搂乒乓球

1.训练目标

在没有干扰物时，儿童能够持续性地完成将塑料瓶里的乒乓球抖搂出来的活动。

2.工具箱

大塑料瓶、若干乒乓球、绳子。

3.训练步骤

（1）初阶训练：儿童能在辅助下持续性地完成注意活动

●训练目标

儿童在康复师的语言提示或动作辅助下持续性地将塑料瓶里的乒乓球抖搂出来。

●训练步骤

A.康复师准备一个大的塑料瓶(大约能放下10个乒乓球),在瓶身处挖一个直径为乒乓球2倍大小的洞,然后在塑料瓶的瓶底打一个小孔,用绳子从瓶口处穿向瓶底,然后将塑料瓶系在肚子前。

B.康复师做好游戏准备后,与儿童面对面站立,对儿童说:"今天我们来玩抖搂小球的游戏,要把所有的小球从瓶子里抖出来哦!"然后康复师向儿童示范扭动身体以抖搂小球。

C.康复师抖搂完小球后,取下塑料瓶,对儿童说:"现在你来玩吧!"然后将塑料瓶系在儿童的肚子前。康复师发出指令"开始"后儿童进行抖动。当儿童在抖动的过程中注意力分散时(如停止抖搂小球,或注意力转向其他事物),康复师则辅助儿童继续抖搂小球,如用手指向塑料瓶,并提示儿童"抖球"或拉着儿童一起跳跃,以抖搂小球。

●达标标准

步骤	儿童正确反应	达标标准
1	儿童在语言提示或动作辅助下持续性地完成抖搂小球的活动。	多次重复,儿童能够在语言提示或动作辅助下持续性地完成抖搂小球的活动,连续3次及以上。

(2)进阶训练:儿童能够持续性地完成注意活动

●训练目标

儿童能够持续性地将塑料瓶里的乒乓球抖搂出来。

●训练步骤

A.康复师拿出制作好的塑料瓶后,与儿童面对面站立,对儿童说:"今天我们来玩抖搂小球的游戏,要把所有的小球从瓶子里抖出来哦!"

B.康复师将塑料瓶系在儿童的肚子前,康复师发出指令"开始"后儿童进行抖动。儿童抖搂完小球后,康复师回应儿童,如"你把所有的小球都抖出来了,你真棒!"。

●达标标准

步骤	儿童正确反应	达标标准
1	儿童持续性地完成抖搂小球的活动。	多次重复,儿童能够持续性地完成抖搂小球的活动,连续3次及以上。

三、有干扰物时,将注意力维持在注意对象上

(一)言听计从

1.训练目标

在按照指令拿指定物品的活动中,当干扰物和指定物品同时出现时,儿童能够将注意力维持在指定物品上。

2.工具箱

雪花片、积木、雪花片照片、积木照片、2个篮子。

3.训练步骤

(1)初阶训练:有干扰物时,儿童能在图片提示下将注意力维持在注意对象上

●训练目标

在按照指令拿指定物品的活动中,当干扰物和指定物品同时出现时,儿童能够在图片提示下将注意力维持在指定物品上。

●训练步骤

A.康复师与儿童面对面坐。

B.康复师拿出积木和雪花片，向儿童解释游戏玩法：“我一会儿会同时丢出一个积木和一片雪花片，并说出要你拿的物品名称，如‘拿雪花片’，然后你就去拿雪花片，拿到后放进篮子里。”

C.康复师讲解完玩法后，同时扔出积木和雪花片，并对儿童说“拿雪花片（积木）”（同时出示雪花片或积木的照片进行提示）。儿童拿到指定物品放进篮子后，康复师将另一个物品收回。

●达标标准

步骤	儿童正确反应	达标标准
1	儿童在图片提示下持续性地将注意力维持在指定物品上。	儿童在图片提示下持续性地将注意力维持在指定物品上，连续3次及以上。

（2）进阶训练：有干扰物时，儿童能够将注意力维持在注意对象上

●训练目标

在按照指令拿指定物品的活动中，当干扰物和指定物品同时出现时，儿童能够将注意力维持在指定物品上。

●训练步骤

A.康复师与儿童面对面坐。

B.康复师拿出积木和雪花片，向儿童解释游戏玩法：“我一会儿会同时丢出一个积木和一片雪花片，并说出要你拿的物品名称，如‘拿雪花片’，然后你就去拿雪花片，拿到后放进篮子里。”

C.康复师讲解完玩法后，同时扔出积木和雪花片，并对儿童说“拿雪花

片(积木)”。儿童拿到指定物品放进篮子后,康复师将另一个物品收回。

●达标标准

步骤	儿童正确反应	达标标准
1	儿童持续性地将注意力维持在指定物品上。	儿童持续性地将注意力维持在指定物品上,连续3次及以上。

(二)闻声而动

1.训练目标

在听鼓声蒙眼走走停的活动中,当铃声响起时,儿童能够将注意力维持在鼓声的变化上,并根据鼓声的变化前行或停止走动。

2.工具箱

鼓、鼓槌、铃铛、眼罩。

3.训练步骤

(1)初阶训练:有干扰物时,儿童能在辅助下将注意力维持在特定的注意对象上

●训练目标

在听鼓声蒙眼走走停的活动中,当铃声出现时,儿童能够在康复师的辅助下将注意力维持在鼓声的变化上,并根据鼓声变化前行或停止走动。

●训练步骤

A.康复师A拿出鼓和铃铛对儿童说:“今天我们来玩听鼓声蒙眼走走停的活动,听到鼓声就往前走,鼓声停止时,你就停止走动。”

B.儿童戴上眼罩后,康复师B拉着儿童的手进行等待。当康复师A敲鼓时,康复师B辅助儿童往前走。康复师A停止敲鼓时,康复师B辅助儿童

停止走动；康复师A摇铃，康复师B辅助儿童维持停止走动的状态。然后，康复师A再次敲鼓，康复师B辅助儿童再次开始走动。随后，康复师A交替进行敲鼓和摇铃，康复师B辅助儿童对听到的声音做出相应的反应。

●达标标准

步骤	儿童正确反应	达标标准
1	儿童在康复师的辅助下持续性地将注意力维持在鼓声的变化上。	儿童在康复师的辅助下能够持续性地将注意力维持在鼓声的变化上，连续3次及以上。

(2)进阶训练：有干扰物时，儿童能够将注意力维持在特定的注意对象上

●训练目标

在听鼓声蒙眼走走停的活动中，当铃声出现时，儿童能够主动将注意力维持在鼓声的变化上，并根据鼓声的变化前行或停止走动。

●训练步骤

A.康复师拿出鼓和铃铛，对儿童说："今天我们来玩听鼓声蒙眼走走停的活动，听到鼓声就往前走，鼓声停止时，你就停止走动。"

B.康复师给儿童戴好眼罩后，然后敲鼓。儿童往前走一段距离后，康复师停止敲鼓。儿童停止走动后，康复师摇铃，儿童维持停止走动的状态。直到鼓声再次响起，儿童再次走动。随后，康复师交替进行敲鼓和摇铃，儿童对听到的声音做出相应的反应。

●达标标准

步骤	儿童正确反应	达标标准
1	儿童持续性地将注意力维持在鼓声的变化上。	儿童能够持续性地将注意力维持在鼓声的变化上，连续3次及以上。

第二节　注意力转移性训练

一、概述

(一)操作性定义

主动地、有目的地及时将注意力从一个对象或者活动调整到另一个对象或者活动上。

(二)训练目标

儿童能够按照康复师制定的活动规则,将注意力从一个注意对象或活动调整到另一个注意对象或活动上。

(三)训练基础

儿童已经完成共同注意核心训练。

二、注意力转移

(一)身手敏捷

1.训练目标

儿童能够在活动图卡的提示下,在完成钓鱼活动后,将注意力调整到切水果的活动中去。

2.工具箱

工具箱1:钓鱼玩具、切水果玩具、钓鱼活动图卡、切水果活动图卡、2个篮子、1个盒子。

工具箱2:1个盒子、彩笔、简笔画、拼图(2×2)、涂色活动图卡、拼图活动图卡。

3.训练步骤

(1)初阶训练:儿童能在活动图卡的提示下,进行注意力转移

●训练目标

康复师出示活动图卡后,儿童能够将注意力从钓鱼活动调整到切水果活动中去。

●训练步骤

A.康复师与儿童面对面坐,拿出钓鱼活动的图卡,然后对儿童说“现在我们来钓鱼”。随后,康复师拿出钓鱼玩具和篮子,将钓鱼玩具拿给儿童玩。儿童每钓到一条鱼后,康复师将儿童钓起的鱼放入篮子里。

B.儿童钓完后,康复师回应儿童“完成”,然后将钓鱼活动的图卡放进盒子里。

C.康复师拿出切水果活动的图卡,然后对儿童说“现在我们来切水果”。随后,康复师拿出切水果玩具和篮子,将玩具拿给儿童玩。儿童每切完一个水果后,康复师将水果放进篮子里。

D.儿童切完水果后,康复师回应儿童“完成”,然后将切水果活动的图卡放进盒子里。

●达标标准

步骤	儿童正确反应	达标标准
1	在康复师出示切水果活动的图卡后，儿童将注意力从钓鱼活动调整到切水果活动中去。	在康复师出示切水果活动的图卡后，儿童能够将注意力从钓鱼活动调整到切水果活动中去，连续3次及以上。

(2)进阶训练：按照活动要求，儿童能够主动进行注意力转移

●训练目标

儿童能够根据活动图卡，在完成拼图活动后，主动将注意力从拼图活动调整到涂色活动中去。

●训练步骤

A.康复师与儿童面对面坐，先将拼图活动图卡与涂色活动图卡放置在儿童座位的右上角，在图卡旁边放上一个盒子；再将拼图和简笔画放在儿童座位的左上角。然后，康复师拿出拼图活动图卡和涂色活动图卡，一边向儿童展示一边说“现在我们先来玩拼图，拼好后再进行涂色活动”。

B.儿童完成拼图活动，并将拼图放进盒子里，再完成涂色活动，最后将涂完色的简笔画放进盒子里后，康复师回应儿童“完成”。

●达标标准

步骤	儿童正确反应	达标标准
1	儿童能根据活动图卡，在完成拼图活动后，主动将注意力从拼图活动调整到涂色活动中去。	儿童能够根据活动图卡，在完成拼图活动后，主动将注意力从拼图活动调整到涂色活动中去，连续3次及以上。

(二)眼疾手快

1.训练目标

儿童能够在活动图卡的提示下,在完成抖搂便利贴的活动后,将注意力调整到小猪吞球的活动中。

2.工具箱

工具箱1:空盒子、3个乒乓球、便利贴5张、小猪吞球活动图卡、抖搂便利贴活动图卡、篮子。

工具箱2:2张桌子,黄色、蓝色篮子各1个,黄色、蓝色便利贴各5张,黄色、蓝色盒子各1个,黄色、蓝色乒乓球各3个。

3.训练步骤

(1)初阶训练:儿童能在活动图卡的提示下,进行注意力转移

●训练目标

康复师出示活动图卡后,儿童能将注意力从抖搂便利贴的活动调整到小猪吞球的活动中。

●训练步骤

A.活动准备:康复师在空盒子的中间挖一个适当大小的洞。

B.康复师拿出2张活动图卡,一边展示一边对儿童说“我们来玩抖搂便利贴和摇乒乓球的活动”,然后将2张图卡放在桌上进行提示。图卡旁边放置一个篮子。

C.康复师先向儿童出示抖搂便利贴活动图卡,并对儿童说“将身上的便利贴全部抖搂在地上,就完成了”,然后将5张便利贴贴在儿童身上。待儿童抖搂完后,康复师将抖搂便利贴活动图卡放在篮子里,并对儿童说“完成”。

D.康复师再次向儿童出示小猪吞球活动图卡，并对儿童说“将盒子里的球全摇下去，并将3个乒乓球放进盒子里，就完成了”。待儿童摇晃完乒乓球并放进盒子后，康复师将小猪吞球活动图卡放在篮子里，对儿童说“完成”。

●达标标准

步骤	儿童正确反应	达标标准
1	康复师出示活动图卡后，儿童将注意力从抖搂便利贴的活动调整到小猪吞球的活动中。	康复师出示活动图卡后，儿童能将注意力从抖搂便利贴的活动调整到小猪吞球的活动中，连续3次及以上。

(2)进阶训练：按照活动要求，儿童能够主动进行注意力转移

●训练目标

通过2人竞争的形式，儿童能将注意力主动从抖搂便利贴的活动调整到小猪吞球的活动中。

●训练步骤

A.活动准备：康复师准备2张桌子，相隔一定的距离进行摆放。在一张桌子上摆放黄色和蓝色的篮子各1个，在黄色篮子里放5张黄色的便利贴，蓝色篮子里放5张蓝色的便利贴。在另一张桌子上摆放有洞的黄色和蓝色空盒子各1个，在黄色盒子里放3个黄色的乒乓球，蓝色盒子里放3个蓝色的乒乓球。

B.康复师与2个儿童面对面站立，并对儿童说：“今天我们要玩抖搂便利贴和小猪吞球的游戏。我们先抖搂身体上的便利贴，放进篮子里；然后，将盒子里的乒乓球全部摇下去，再将乒乓球放进盒子里。谁先完成谁就获胜。”然后康复师分别将黄色和蓝色的便利贴贴在2个儿童身上。康复师贴好后，对2个儿童说“开始”。

C.2个儿童完成活动后，康复师宣布游戏结果"××获胜"。

●达标标准

步骤	儿童正确反应	达标标准
1	儿童能将注意力从抖搂便利贴的活动调整到小猪吞球的活动中。	儿童能够主动将注意力从抖搂便利贴的活动调整到小猪吞球的活动中，连续3次及以上。

(三)比比看

1.训练目标

通过2人竞争的形式，儿童能够主动将注意力从抖搂便利贴的活动调整到舀乒乓球的活动中。

2.训练基础

儿童已经完成共同注意核心能力训练。

3.工具箱

桌子2张、黄色和蓝色篮子各1个、黄色和蓝色便利贴各5张、黄色和蓝色的碗各1个、6个乒乓球、2个勺子、盒子1个。

4.训练步骤

(1)训练步骤

A.活动准备：康复师准备2张桌子，相隔一定的距离进行摆放。在一张桌子上摆放黄色和蓝色的篮子各1个，在黄色篮子里放5张黄色的便利贴，蓝色篮子里放5张蓝色的便利贴。在另一张桌子的中间摆放1个盒子，将黄色碗和蓝色碗分别放在盒子的两边，并在碗里各放3个乒乓球和1个勺子。

B.康复师与2个儿童面对面站立，并对儿童说："今天我们要玩抖搂便利贴和舀乒乓球的游戏。我们先抖搂身体上的便利贴，放进篮子里；然后，将乒乓球全部舀进盒子里。谁先完成谁就获胜。”然后康复师分别将黄色和蓝色的便利贴贴在2个儿童身上。康复师贴好后，对2个儿童说“开始”。

C.2个儿童完成活动后，康复师宣布游戏结果“××获胜”。

(2)达标标准

步骤	儿童正确反应	达标标准
1	儿童能将注意力从抖搂便利贴的活动调整到舀乒乓球的活动中。	儿童能够主动将注意力从抖搂便利贴的活动调整到舀乒乓球的活动中，连续3次及以上。

第三节 注意力分配性训练

一、概述

(一)操作性定义

在进行多种活动时,儿童能够把注意力相应地合理分配于活动当中。

(二)训练目标

儿童能够同时完成两个或两个以上的注意活动,或能同时注意两个或两个以上的注意对象。

(三)训练基础

儿童已经完成共同注意核心训练、注意力稳定性训练、注意力转移性训练。

二、注意力分配

(一)各行其道

1.训练目标

儿童能够完成同时用左右手将2节小火车按照轨迹推动的活动。

2.工具箱

轨道模板、彩色笔、小火车玩具。

3.训练步骤

(1)初阶训练:儿童能在辅助下进行注意力分配

●训练目标

在按轨迹推小火车的活动中,儿童能够在辅助下完成同时用左右手将2节小火车按照轨迹推动的活动。

●训练步骤

A.康复师A出示轨道模板,然后用彩色笔在两条直线轨道的两端分别画上红色和蓝色的圆点,作为轨道的起点和终点。

B.康复师A与儿童面对面坐,康复师B与儿童并排坐。康复师A拿出做好标注的轨道模板对儿童说:"我们来玩开火车的游戏,两只手分别拿着1节小火车,从红色的起点沿着轨道同时开向蓝色的终点。"然后康复师A将2节小火车拿给康复师B进行示范。

C.康复师A将2节小火车拿给儿童,康复师B辅助儿童用两只手分别拿着小火车,从红色的起点沿着轨道同时开向蓝色的终点。待儿童完成后,康复师A回应儿童,如"你真棒!把小火车送回家啦!"。

●达标标准

步骤	儿童正确反应	达标标准
1	儿童在辅助下用两只手分别拿着小火车,从红色的起点沿着轨道同时开向蓝色的终点。	儿童能够在辅助下用两只手分别拿着小火车,从红色的起点沿着轨道同时开向蓝色的终点,连续3次及以上。

(2)进阶训练:儿童能主动进行注意力分配

●训练目标

在按轨迹推小火车的活动中,儿童能够独立完成同时用左右手将2节小火车按照轨迹推动的活动。

●训练步骤

A.康复师A出示轨道模板(视儿童的能力,可将直线变成曲线,或两段不同方向的线条),然后用彩色笔在两条轨道的两端分别画上红色和蓝色的圆点,作为轨道的起点和终点。

B.康复师与儿童面对面坐,康复师拿出做好标注的轨道模板,对儿童说:"我们来玩开火车的游戏,两只手分别拿着1节小火车,从红色的起点沿着轨道同时开向蓝色的终点。"康复师将2节小火车拿给儿童,待儿童用两只手分别拿着小火车,从红色的起点沿着轨道同时开向蓝色的终点后,康复师回应儿童,如"你真棒! 把小火车送回家啦!"。

●达标标准

步骤	儿童正确反应	达标标准
1	儿童用两只手分别拿着小火车,独立将小火车同时从红色的起点沿着轨道开向蓝色的终点。	儿童用两只手分别拿着小火车,独立将小火车同时从红色的起点沿着轨道开向蓝色的终点,连续3次及以上。

(二)送货能手

1.训练目标

儿童能够同时完成用勺子运乒乓球并绕过障碍物的活动。

2.工具箱

勺子、乒乓球、篮子、障碍物(如大积木等)。

3.训练步骤

(1)初阶训练:儿童能在辅助下进行注意力分配

●训练目标

在康复师的辅助下，儿童能够完成用勺子运乒乓球并绕过障碍物的活动。

●训练步骤

A.康复师在空地上按照一定距离设置起点和终点，并在起点和终点之间放置一些障碍物，如大积木；然后在起点准备一个勺子和装有若干乒乓球的篮子，在终点放置一个空篮子。

B.康复师对儿童说："我们来玩运乒乓球的游戏，用勺子舀起乒乓球，然后再从起点绕过大积木等障碍物，运到终点就成功啦。"

C.康复师先示范运球：康复师站在起点，用勺子舀起一个乒乓球，绕过障碍物，将乒乓球运到终点，并放进篮子里。

D.康复师将勺子递给儿童，辅助儿童舀起乒乓球，绕过障碍物，将乒乓球运到终点，并放进篮子里。待儿童完成后，康复师回应儿童，如"你真棒!"。

●达标标准

步骤	儿童正确反应	达标标准
1	儿童在辅助下用勺子运乒乓球并绕过障碍物。	儿童能够在辅助下用勺子运乒乓球并绕过障碍物，连续3次及以上。

(2)进阶训练：儿童能主动进行注意力分配

●训练目标

儿童能够独立完成用勺子运乒乓球并绕过障碍物的活动。

●训练步骤

A.康复师在空地上按照一定距离设置起点和终点，并在起点和终点之间放置一些障碍物，如大积木、椅子。然后在起点准备一个勺子和装有若干乒乓球的篮子，在终点放置一个空篮子。

B.康复师对儿童说："我们来玩运乒乓球的游戏，先用勺子舀起乒乓球，然后再从起点绕过椅子、大积木等障碍物，运到终点就成功啦。"

C.康复师将勺子递给儿童，待儿童用勺子舀起乒乓球，绕过障碍物将乒乓球运到终点并放进篮子后，康复师回应儿童，如"你真棒！"。

●达标标准

步骤	儿童正确反应	达标标准
1	儿童用勺子运乒乓球并绕过障碍物。	儿童能够用勺子运乒乓球并绕过障碍物，连续3次及以上。

第四节 嵌套式训练

一、小组训练:疯狂躲避球

(一)训练目标

在活动中,当干扰物和指定物品交替出现时,儿童能够将注意力维持在指定物品上。

(二)工具箱

红色和绿色的粘粘球、粘球衣、篮子。

(三)训练基础

儿童已经完成共同注意核心能力训练;能够区分颜色。

(四)训练步骤

1.康复师准备红色和绿色的粘粘球各5个,并将所有的球放进篮子里。儿童穿着粘球衣与康复师面对面站立。

2.康复师对儿童说:"我们来玩躲避'炸弹'的游戏。当绿色的球扔过来时你要用衣服去粘住球;当红色的球扔过来时,你要躲开,不能让'红色炸弹'粘在衣服上。只要粘上红色球就失败,如果没有红色球就可以获得玩具。"

3.康复师对儿童说“注意,‘炸弹’来了”,然后交替向儿童扔出粘粘球。儿童做出反应,如用衣服粘住绿色的球、躲避红色的球后,康复师回应儿童“你真棒!继续加油”。

4.重复第3步,直至康复师扔完所有的球,根据儿童的完成情况进行奖励。

5.多次重复以上步骤,并根据儿童的情况,增加活动的难度。

二、家居训练:分豆豆

(一)训练目标

在分豆豆的活动中,当干扰物和指定物品同时出现时,儿童能够将注意力维持在指定物品上。

(二)工具箱

巧克力、棒棒糖。

(三)训练基础

儿童已经完成共同注意核心能力训练;能够区分颜色;具备一定的手眼协调能力。

(四)训练步骤

1.家长将若干巧克力和棒棒糖放在一个碗里,另准备一个盘子。

2.家长对儿童说:“我们来吃巧克力吧!但巧克力和棒棒糖放在一起了,我们把巧克力挑出来,放在盘子里,挑完后就可以吃巧克力啦!”

3.家长将装有巧克力和棒棒糖的碗拿给儿童，等待儿童分好后，家长再回应儿童，如“你真棒，我们一起吃巧克力吧”。

4.多次重复以上步骤，并根据儿童的情况，增加活动的难度，如增加物品的种类或干扰项。